趙州禪師開示語錄

獅乳一滴，足迸散千斛驢乳，
但禪師垂示，如五色珠，
若小知淺見，會於言表，
則辜負古佛之慈悲，落草之婆心也。

淨慧法師——編著

目錄

趙州真際禪師真
我師教化天下趙州
弟子趙王焚香拜讚

平生用不盡拂子時〻豎

萬語与千言不外喫茶去

樸初頂禮受持

壬申元日

趙樸初

重刻趙州禪師語錄序

一、聞夫破家散宅於十八上，而善舞太阿；縱賓奪主於賢聖前，而逢場作戲。

二、一物不將來，便教放下著。不起一念時，向道須彌山。每拈一莖草，而喚作丈六金身；口惟一箇齒，而盡知世間滋味。鎮州蘿蔔，諸方謾云即是師承；青州布衫，學者休向言中取的。

三、一個老實頭，殺活臨機，頓超他動棒用喝；三寸綿軟舌，縱橫自在，何嘗用怪語奇言。其猶水上按葫蘆，垂手東捺西捺；室中懸寶鏡，任教凡來聖來。拈提向上宗乘，念佛則漱口三日。善解拖泥帶水，隨問隨答有無。

四、南泉眞子，馬祖的孫，其惟此老一人而已矣。其垂跡也，騰蛇入口，而糠食自安；轉現報也，明珠出海，而二王供養。如此則寧非先佛示現利生者哉！

五、惜其《語錄》不能盡傳，學者僅獲一帙，眞如嘗鼎一臠，飲海一滴者矣。奈舊刻歲久，字跡模糊，吾徒明聲發心重刻，詔示後來，眞報祖師之恩，深愜老朽之意。因佳其志，聊綴數言。其全機大用，非予劣智能解。造淵洞微，自有通方作者。

傳曹洞正宗第二十七代
專門顯聖寺住持散木圓澄撰
西元一九六一年四月八日
秋月龍珉 校訂
鈴木大拙 校閱
佛曆二五三六年次歲壬申佛誕日
嗣祖沙門本宗淨慧標點重校
民國八十二年五月
圓明依《禪宗全書》對勘

趙州眞際禪師行狀

一、師即南泉門人也，俗姓郝氏，本曹州郝鄉人也，諱從諗。

二、鎮府有《記塔》云：「師得七百甲子歟！值武王微沐，避地岨峽，木食草衣，僧儀不易。」

三、師初隨本師行脚到南泉。本師先人事了，師方乃人事。南泉在方丈內臥次，見師來參，便問：「近離什麼處？」師云：「瑞像院。」南泉云：「還見瑞像麼？」師云：「瑞像即不見，即見臥如來！」南泉乃起問：「你是有主沙彌，無主沙彌？」師對云：「有主沙彌。」泉云：「那箇是你主？」師云：「孟春猶寒，伏惟和尚尊體起居萬福！」泉乃喚維那云：「此沙彌別處安排。」

四、師受戒後，聞受業師在曹州西住護國院，乃歸院省覲。到後，本師令郝氏云：「君家之子，遊方已迴。」其家親屬，忻懌不已。只候來日，咸往觀焉。師聞之，乃云：「俗塵愛網，無有了期，已辭出家，不願再見。」乃於是夜結束前邁。

五、其後自攜瓶錫，遍歷諸方，常自謂曰：「七歲童兒勝我者，我即問伊：百歲老翁不及我者，我即教他。」

六、年至八十，方住趙州城東觀音院，去石橋十里已來。住持枯槁，志效古人。僧堂無前後架，旋營齋食；繩牀一脚折，以燒斷薪用繩繫之。每有別制新者，師不許也。住持四十年來，未嘗賫一封書告其檀越。

七、因有南方僧來舉，問雪峰：「古澗寒泉時如何？」雪峰云：「瞪目不見底。」學云：「飲者如何？」峰云：「不從口入。」師聞之曰：「不從口入，從鼻孔裡入？」其僧卻問師：「古澗寒泉時如何？」師云：「苦！」學云：「飲者如何？」師云：「死！」雪峰聞師此語，贊云：「古佛！古佛！」雪峰因此後不答話矣。

八、厥後因河北燕王領兵收鎮府，既到界上，有觀氣象者奏曰：「趙州有聖人所居，戰必不勝。」燕趙二王因展筵會，俱息交鋒。乃問：「趙之金地，上士何人？」或曰：「有講《華嚴經》大師，節行孤邈。若歲大旱，咸命往臺山祈禱。大師未迴，甘澤如瀉。」乃曰：

「恐未盡善。」或云：「此去一百二十里，有趙州觀音院，有禪師年臘高邈，道眼明白。」僉曰：「此可應兆乎！」

九、二王稅駕觀焉。既届院內，師乃端坐不起。燕王遂問曰：「人王尊耶？法王尊耶？」師云：「若在人王，人王中尊；若在法王，法王中尊。」燕王唯然矣。師良久中間問：「阿那箇鎭府大王？」趙王應諾：「弟子！」（緣趙州屬鎭府，以表知重之禮。）師云：「老僧濫在山河，不及趨面。」

十、須臾，左右請師爲大王說法。師云：「大王左右多，爭敎老僧說法。」乃約令左右退。師身畔時有沙彌文遠，高聲云：「啓大王：不是者箇左右！」大王乃問：「是什麼左右？」對曰：「大王尊諱多，和尚所以不敢說法！」燕王乃云：「請禪師去諱說法！」師云：「故知大王曩劫眷屬，俱是冤家；我佛世尊，一稱名號，罪滅福生。」大王先祖，才有人觸著名字，便生嗔怒。師慈悲非倦，說法多時。二王稽首贊嘆，珍敬無盡。

十一、來日將迴，燕王下先鋒使，聞師不起，凌晨入院，責師傲兀君侯。師聞之，乃出迎接。先鋒乃問曰：「昨日見二王來不起，今日見某甲來,因何起接?」師云：「待都衙得似大王,老僧亦不起接!」先鋒聆師此語，再三拜而去。

十二、尋後，趙王發使，取師供養。既屆城門，闔城威儀，迎之入內。師才下寶輦，王乃設拜，請師上殿，正位而坐。師良久以手斫額，云：「階下立者是何官長?」左右云：「是諸院尊宿並大師、大德。」師云：「他各是一方化主,若在階下老僧亦起。」王乃命上殿。

十三、是日齋筵將罷，僧官排定，從上至下，一人一問。一人問佛法，師既望見，乃問：「作什麼?」云：「問佛法。」師云：「這裡已坐卻老僧,那裡問什麼法?二尊不並化。」(此乃語之詞也)王乃令止。

十四、其時國后與王俱在左右侍立，國后云：「請禪師爲大王摩頂受記。」師以手摩大王頂云：「願大王與老僧齊年。」

十五、是時迎師權在近院駐泊，獲時選地，建造禪宮，師聞之，令人謂王曰：「若動著一莖草，老僧卻歸趙州。」其時竇行軍願捨果園一所，直一萬五千貫，號爲眞際禪院，亦云竇家園也。師入院後，海衆雲臻。

十六、是時趙王禮奉燕王從幽州奏到命服，鎮府具威儀迎接，師堅讓不受。左右舁箱，至師面前，云：「大王爲禪師佛法故，堅請師著此衣。」師云：「老僧爲佛法故，所以不著此衣。」左右云：「且看大王面。」師云：「又干俗官什麼事！」乃躬自取衣掛身上，禮賀再三，師惟知應諾而已。

十七、師住趙州二年，將謝世時，謂弟子曰：「吾去世之後，焚燒了，不用淨淘舍利。宗師弟子，不同浮俗；且身是幻，舍利何生，斯不可也。」

十八、今小師送拂子一枝與趙王，傳語云：「此是老僧一生用不盡底。」

十九、師於戊午歲十一月十日，端坐而終。于時竇家園，道俗車馬數萬餘人，哀聲振動原野。

二十、趙王於時盡送終之禮，感嘆之泣，無異金棺匿彩於俱尸矣，莫不高營雁塔，特豎豐碑。謚號曰眞際禪師，光祖之塔。

二十一、後唐保大十一年孟夏月旬有三日，有學者咨問東都東院惠通禪師，趙州先人行化厥由。作禮而退，乃授筆錄之，具實矣！

趙王與師作眞贊

碧溪之月，清鏡中頭。
我師我化，天下趙州。

哭趙州和尚二首

師離涕水動王侯，心印光潛麈尾收。
碧落霧霾松嶺月，滄溟浪覆濟人舟。
一燈乍滅波旬喜，雙眼重昏道侶愁。

縱是了然雲外客，每瞻瓶几淚還流！

其二

佛日西傾祖印隳，珠沉丹沼月沉輝。
影斂丈室爐烟慘，風起禪堂松韻微。
隻履乍來留化跡，五天何處又逢歸。
解空弟子絕悲喜，猶自潸然對雪幃！

廬山栖賢寶覺禪院住持
傳法賜紫沙門澄諟重詳定

趙州禪師語錄卷上

〇〇一

師問南泉：「如何是道？」泉云：「平常心是。」師云：「還可趣向否？」泉云：「擬向即乖。」師云：「不擬爭知是道？」泉云：「道不屬知不知。知是妄覺，不知是無記。若眞達不疑之道，猶如太虛，廓然虛豁。豈可強是非也！」師於言下，頓悟玄旨，心如朗月。

〇〇二

南泉上堂，師問：「明頭合，暗頭合？」泉便歸方丈。師便下堂，云：「這老和尚被我一問，直得無言可對。」首座云：「莫道和尚無語，自是上座不會。」師便打。又云：「這棒合是堂頭老漢喫！」

〇〇三

師問南泉：「知有底人，向什麼處去？」泉云：「山前檀越家，作一頭水牯牛去！」師云：「謝和尚指示！」泉云：「昨夜三更月到窗。」

〇〇四　師在南泉作爐頭，大衆普請擇菜。師在堂內叫：「救火！救火！」大衆一時到僧堂前，師乃關卻僧堂門，大衆無對。泉乃抛鑰匙，從窗內入堂中，師便開門。

〇〇五　師在南泉井樓上打水次，見南泉過，便抱柱懸卻脚，云：「相救！相救！」南泉上椈梯，云：「一二三四五。」師少時間，卻去禮謝，云：「適來謝和尙相救。」

〇〇六　南泉東西兩堂爭貓兒，泉來堂內，提起貓兒，云：「道得即不斬，道不得斬卻。」大衆下語，皆不契泉意，當時即斬卻貓兒子。至晚間，師從外歸來，問訊次，泉乃舉前語子，云：「你作麼生救得貓兒？」師遂將一隻鞋戴在頭上出去。泉云：「子若在，救得貓兒。」

〇〇七　師問南泉：「異即不問，如何是類？」泉以兩手托地，師便踢倒，卻歸涅槃堂內，叫：「悔！悔！」泉聞，乃令人去問：「悔箇什麼？」師云：「悔不剩與兩踢。」

〇〇八　南泉從浴室裡過，見浴頭燒火，問云：「作什麼？」云：「燒浴。」泉云：「記取來，喚水牯牛浴。」浴頭應諾。至晚間，浴頭入方丈。泉問：「作什麼？」云：「請水牯牛去浴！」泉云：「將得繩索來否？」浴頭無對。師來問訊泉，泉舉似師。師云：「某甲有語。」泉便云：「還將得繩索來麼？」師便近前，驀鼻便拽。泉云：「是即是，太粗生。」

〇〇九　師問南泉：「離四句、絕百非外，請師道。」泉便歸方丈。

師云：「這老和尚，每常口爬爬地，及其問著，一言不措。」侍者云：「莫道和尚無語好。」師便打一掌。

〇一〇

南泉一日掩卻方丈門，便把灰圍卻門外，問僧云云：「道得即開門。」多有人下語，並不契泉意。師云：「蒼天！蒼天！」泉便開門。

〇一一

師問南泉：「心不是佛，智不是道，還有過也無？」泉云：「有。」師云：「過在什麼處？請師道。」泉遂舉，師便出去。

〇一二

師上堂謂衆曰：「此事的的，沒量大人，出這裡不得。老僧到潙山，僧問：『如何是祖師西來意？』潙山云：『與我將牀子來。』若是宗師，須以本分事接人始得。」

時有僧問：「如何是祖師西來意？」師云：「庭前柏樹子！」學云：「和尚莫將境示人。」師云：「我不將境示人。」云：「如何是祖師西來意？」師云：「庭前柏樹子。」

○一三　師又云：「老僧九十年前，見馬祖大師下八十餘員善知識，箇箇俱是作家，不似如今知識，枝蔓上生枝蔓，都大是去聖遙遠，一代不如一代。只如南泉尋常道：『須向異類中行。』且作麼生會？如今黃口小兒，向十字街頭說葛藤、博飯噇、覓禮拜，聚三五百衆，云：『我是善知識，你是學人。』」

○一四　僧問：「如何是清淨伽藍？」師云：「丫角女子。」云：「如何是伽藍中人？」師云：「丫角女子有孕。」

○一五　問：「承聞和尚親見南泉，是否？」師云：「鎮州出大蘿蔔頭。」

〇一六　問：「和尚生緣什麼處？」師以手指云：「西邊、更向西。」

〇一七　問：「法無別法，如何是法？」師云：「外空、內空、內外空。」

〇一八　問：「如何是佛眞法身？」師云：「更嫌什麼！」

〇一九　問：「如何是心地法門？」師云：「古今榜樣！」

〇二〇　問：「如何是賓中主？」師云：「山僧問婦！」問：「如是主中賓？」師云：「老僧無丈人！」

〇二一　問：「如何是一切法常住？」師云：「老僧不諱祖！」其僧再問，師云：「今日不答話。」

〇二二　師上堂云：「兄弟！莫久立，有事商量，無事向衣鉢下坐，窮理好。老僧行脚時，除二時齋粥，是雜用心力處，餘外更無別用心處也。若不如此，出家大遠在！」

〇二三　問：「萬物中何物最堅？」師云：「相罵饒汝接嘴，相唾饒汝潑水。」

〇二四　問：「曉夜不停時如何？」師云：「僧中無與麼兩稅百姓！」

〇二五　問：「如何是一句？」師云：「若守著一句，老卻你？」

○二六　師上堂，謂衆云：「若一生不離叢林，不語十年五載，無人喚你作啞漢，已後佛也不奈你何！你若不信，截取老僧頭去。」

○二七　師上堂云：「兄弟！你正在第三冤裡。所以道：『但改舊時行履處，莫改舊時人。』共你各自家出家，比來無事。更問禪問道，三十二十人聚頭來問，恰似欠伊禪道相似。你喚作善知識，我是同受拷。老僧不是戲好，恐帶累他古人，所以東道西說。」

○二八　問：「十二時中，如何用心？」師云：「你被十二時使，老僧使得十二時。你問哪箇時？」

○二九　問：「如何是趙州主人公？」師咄云：「這箍桶漢！」學人應諾。師云：「如法箍桶著！」

○三○　問：「如何是學人本分事？」師云：「樹搖鳥散，魚驚水渾。」

○三一　問：「如何是少神底人？」師云：「老僧不如你！」學云：「不占勝。」師云：「你因什麼少神！」

○三二　問：「至道無難，唯嫌揀擇，是時人窠窟？」師云：「曾有問我，直得五年分疎不得。」

○三三　有官人問：「丹霞燒木佛，院主爲什麼眉鬚墮落？」師云：「官人宅中，變生作熟，是什麼人？」云：「所使。」師云：「卻是他好手。」

○三四　問：「毗目仙人執善財手，見微塵佛時如何？」師遂執僧手，云：「你見箇什麼？」

○三五　有尼問：「如何是沙門行？」師云：「莫生兒！」尼云：「和尚勿交涉」師云：「我若共你打交涉，堪作什麼？」

○三六　問：「如何是趙州主人公？」師云：「田庫奴。」

○三七　問：「如何是王索仙陀婆？」師云：「你老僧要箇什麼？」

○三八　問：「如何是玄中玄？」師云：「說什麼玄中玄，七中七，八中八！」

○三九　問：「如何是仙陀婆？」師云：「靜處薩婆訶。」

〇四〇　問：「如何是法非法？」師云：「東西南北。」學云：「如何會去？」師云：「上下四維。」

〇四一　問：「如何是玄中玄？」師云：「這僧若在，合年七十四五。」

〇四二　問：「王索仙陀婆時如何？」師驀起，打躬叉手。

〇四三　問：「如何是道？」師云：「不敢！不敢！」

〇四四　問：「如何是法？」師云：「敕敕，攝攝！」

〇四五　問：「趙州去鎮府多少？」師云：「三百。」學云：「鎮府來趙州多少？」師云：「不隔。」

〇四六　問：「如何玄中玄？」師云：「玄來多少時也？」學云：「玄來久矣！」師云：「賴遇老僧，洎合玄殺這屢生。」

〇四七　問：「如何是學人自己？」師云：「還見庭前柏樹子麼！」

〇四八　師上堂云：「若是久參底人，莫非眞實，莫非亙古亙今。若是新入衆底人，也須究理始得。」莫趁者邊三百、五百、一千，傍邊二衆叢林，稱道：「好箇住持，洎乎問著佛法，恰似炒砂作飯相似，無可施爲，無可下口。卻言他非我是，面赫赤地，良由世間出非法語。眞實欲明者意，莫辜負老僧。」

〇四九　問：「在塵爲諸聖說法，總屬披搭。未審和尚如何示人？」師云：「什麼處見老僧？」學云：「請和尚說。」師云：「一堂師僧，總不會這僧語話。」別有一僧問：「請和尚說。」

師云：「你說，我聽。」

〇五〇　問：「眞化無跡，無師、弟子時如何？」師云：「誰教你來問？」學云：「更不是別人。」師便打之。

〇五一　問：「此事如何辨？」師云：「我怪你。」學云：「如何辨得？」師云：「我怪你不辨。」學云：「還保任否？」師云：「保任、不保任自看。」

〇五二　問：「如何是無知解底人？」師云：「說什麼事！」

〇五三　問：「如何是西來意？」師下禪床。學云：「莫便是否？」師云：「老僧未有語在。」

○五四　問：「佛法久遠，如何用心？」師云：「你見前漢、後漢把攬天下，臨終時半錢也無分。」

○五五　問：「時人以珍寶爲貴，沙門以何爲貴？」師云：「急合取口。」學云：「合口還得也無？」師云：「口若不合，爭能辨得？」

○五六　問：「如何是趙州一句？」師云：「半句也無。」學云：「豈無和尚在？」師云：「老僧不是一句！」

○五七　問：「如何得不被諸境惑？」師垂一足，僧便出鞋；師收起足，僧無語。

○五八　有俗官問：「佛在日，一切衆生歸依佛；佛滅度後，一切衆生歸依什麼處？」師云：「未有衆生。」學云：「現問次。」師云：「更覓什麼佛！」

○五九　問：「還有不報四恩、三有者也無？」師云：「有。」學云：「如何是？」師云：「這殺父漢，自你只少此一問。」

○六○　問：「如何是和尚意？」師云：「無施設處。」

○六一　師上堂云：「兄弟！但改往修來；若不改，大有著你處在！」師又云：「老僧在此間三十餘年，未曾有一箇禪師到此間。設有來，一宿一食急走過，且趁軟暖處去也。」

○六二　問：「忽遇禪師到來，向伊道什麼？」師云：「千鈞之弩，不爲鼷鼠而發機。」

○六三　師又云：「兄弟！若從南方來者，即與下載；若從北方來，即與裝載。所以道：『近上人問道，即失道；近下人問道者，即得道。』」

○六四　師又云：「兄弟！正人說邪法，邪法亦隨正；邪人說正法，正法亦隨邪。諸方難見易識，我者裡易見難識。」

○六五　問：「善惡或不得底人，還獨脫也無？」師云：「不獨脫。」學云：「爲什麼不獨脫？」師云：「正在善惡裡。」

○六六　尼問：「離卻上來說處，請和尚指示！」師咄云：「煨破鐵瓶。」尼將鐵瓶添水來，云：「請和尚答話。」師笑之。

○六七　問：「世界變爲黑穴，未審此箇落在何路？」師云：「不占。」學云：「不占是什麼人？」師云：「田庫奴。」

○六八　問：「無言無意，始稱得句。旣是無言，喚什麼作句？」師云：「高而不危，滿而不溢。」學云：「即今和尚是滿是溢？」師云：「爭奈你問我。」

○六九　問：「如是靈者？」師云：「淨地上屙一堆屎！」學云：「請和尚的旨。」師云：「莫惱亂老僧！」

○七〇　問：「法身無爲，不墮諸數，還許道也無？」師云：「作麼生道！」學云：「與麼即不道也。」師笑之。

○七一　問：「如何是佛，如何是衆生？」師云：「衆生即是佛，佛即是衆生。」學云：「未審兩箇那箇是衆生？」師云：「問、問。」

○七二　問：「大道無根，如何接唱？」師云：「你便接唱！」云：「無根又作麼生？」師云：「既是無根，什麼處繫縛你！」

○七三　問：「正修行底人，莫被鬼神測得也無？」師云：「測得！」云：「過在什麼處？」師云：「過在覓處。」云：「與麼即不修行也？」師云：「修行。」

○七四　問：「孤月當空，光從何生？」師云：「月從何生？」

○七五　問：「承和尚有言，道不屬修，俱莫染汚。如何是不染汚？」師云：「檢校內外。」云：「還自檢校也無？」師云：「檢校。」云：「自己有什麼過，自檢校？」師云：「你有什麼事？」

○七六　師上堂云：「此事如明珠在掌，胡來胡現，漢來漢現。」

○七七　師又云：「老僧把一枝草作丈六金身用，把丈六金身作一枝草用。佛即是煩惱，煩惱即是佛。」問：「佛與誰人爲煩惱？」師云：「與一切人爲煩惱！」云：「如何免得？」師云：「用免作麼。」

○七八　師示衆云：「老僧此間，即以本分事接人。若教老僧隨伊根機接人，自有三乘十二分教，接他了也。若是不會，是誰過歟！已後遇著作家漢，也道老僧不辜他。但有人問，以本分事接人。」

○七九 問：「從上至今，即心是佛；不即心，還許學人商量也無？」師云：「即心且置，商量箇什麼！」

○八○ 問：「古鏡不磨，還照也無？」師云：「前生是因，今生是果。」

○八一 問：「三刀未落時如何？」師云：「森森地。」云：「落後如何？」師云：「迥迥地。」

○八二 問：「如何是出三界底人？」師云：「籠罩不得！」

○八三 問：「牛頭未見四祖，百鳥銜花供養；見後，為什麼百鳥不銜花供養？」師云：「應世，不應世。」

○八四　問：「白雲自在時如何？」師云：「爭似春風處處閑。」

○八五　問：「如何是露地白牛？」師云：「月下不用色。」云：「食噉何物？」師云：「古今嚼不著！」云：「請師答話！」師云：「老僧答與麼！」

○八六　師示衆云：「擬心即差。」僧便問：「不擬心時如何？」師打三下，云：「莫是老僧辜負闍梨麼？」

○八七　問：「凡有問答，落在意根；不落意根，師如何對？」師云：「問。」學云：「便請師道！」師云：「莫向這裡是非！」

○八八　問：「龍女親獻佛，未審將什麼獻？」師以兩手作獻勢。

○八九　師示衆云：「此間佛法，道難即易，道易即難。別處難見易識，老僧者裡，即易見難識。若能會得，天下橫行。」忽有人問：「什麼處來？若向伊道趙州來，又謗趙州；若道不從趙州來，又埋沒自己。諸人且作麼生對他？」僧問：「觸目是謗和尚，如何得不謗去？」師云：「若道不謗，早是謗了也！」

○九〇　問：「如何是正修行路？」師云：「解修行即得，若不解修行，即參差落他因果裡。」

○九一　師示衆云：「我教你道，若有問時，但向伊道趙州來。忽問：『趙州說什麼法？』但向伊道：『寒即言寒，熱即言熱。』若更問道：『不問者箇事。』但云：『問什麼事？』若再問：

『趙州說什麼法？』便向伊道：『和尚來時，不教傳語上座，若要知趙州事，但自去問取。』」

〇九二　問：「不顧前後時如你？」師云：「不顧前後且置，你問阿誰？」

〇九三　師示衆云：「迦葉傳與阿難，且道達磨傳與什麼人？」問：「且如二祖得髓，又作麼生？」師云：「莫謗二祖！」師又云：「達磨也有語：『在外者得皮，在裡者得骨。』且道更在裡者得什麼？」問：「如何是得髓底道理？」師云：「但識取皮。老僧者裡，髓也不立！」云：「如何是髓？」師云：「與麼皮也摸未著！」

〇九四　問：「與麼堂堂，豈不是和尚正位？」師云：「還知有不肯者麼？」學云：「與麼即別有位？」師云：「誰是別者？」學云：「與誰是不別者」師云：「一任叫。」

○九五　問：「上上人一撥便轉，下下人來時如何？」師云：「汝是上上下下？」云：「請和尚答話！」師云：「話未有主在。」云：「某甲七千里來，莫作心行。」師云：「據你者一問，心行莫不得麼？」此僧一宿便去。

○九六　問：「不紹傍來者如何？」師云：「誰？」學云：「惠延。」師云：「問什麼？」學云：「不紹傍來者。」師以手撫之。

○九七　問：「如何是衲衣下事？」師云：「莫自瞞。」

○九八　問：「眞如、凡聖，皆是夢言；如何是眞言？」師云：「更

不道者兩箇。」學云？「兩箇且置如何是眞言？」師云：「唵
嘟啉㗭。」

〇九九　問：「如何是趙州？」師云：「東門、西門、南門、北門。」

一〇〇　問：「如何是定？」師云：「不定。」學云：「爲什麼不定？」
師云：「活物、活物。」

一〇一　問：「不隨諸有時如何？」師云：「合與麼？」學云：「莫
便是學人本分事？」師云：「隨也，隨也。」

一〇二　問：「古人三十年，一張弓兩下箭，只射得半箇聖人，今日
請師全射！」師便起去。

一〇三　師示衆云：「至道無難，唯嫌揀擇。才有言語，是揀擇。老僧卻不在明白裡。是你向什麼處見祖師？」問：「和尚既不在明白裡，護惜什麼？」師云：「我亦不知。」學云：「和尚既自不知，爲什麼道不在明白裡？」師云：「問事即得；禮拜，退。」

一〇四　師示衆云：「法本不生，今則無滅；更不要道：才語是生，不語是滅。諸人且作麼生是不生不滅底道理？」問：「草是不生不滅麼？」師云：「者漢只認得箇死語。」

一〇五　問：「至道無難，唯嫌揀擇。才有言語，是揀擇，和尚如何示人？」師云：「何不盡引古人語？」學云：「某甲只道得到者裡！」師云：「只這至道無難，唯嫌揀擇。」

一〇六　上堂，示衆云：「看經也在生死裡，不看經也在生死裡，諸人且作麼生出得去？」僧便問：「只如俱不留時如何？」師云：「實即得，若不實，爭能出得生死！」

一〇七　問：「利劍鋒頭快時如何？」師云：「老僧是利劍，快在什麼處？」

一〇八　問：「大難到來，如何回避？」師云：「恰好。」

一〇九　上堂，良久云：「大衆總來也未？」對云：「總來也。」師云：「更待一人來，即說話。」僧云：「候無人來，即說似和尚。」師云：「大難得人。」

一一〇　師示衆云：「心生即種種法生，心滅即種種法滅。你諸人作麼生？」僧乃問：「只如不生不滅時如何？」師云：「我許你者一問。」

一一一 師因參次，云：「明又未明，道昏欲曉，你在阿哪頭？」僧云：「不在兩頭。」師云：「與麼即在中間也。」云：「若在中間，即在兩頭。」師云：「這僧多少時，在老僧者裡，作與麼語話，不出得三句裡。然直饒出得，也在三句裡。你作麼生？」僧云：「某甲使得三句。」師云：「何不早與麼道。」

一一二 問：「如何是通方？」師云：「離卻金剛禪。」

一一三 師示衆云：「衲僧家，直須坐斷報、化佛頭始得。」問：「坐斷報、化佛頭是什麼人？」師云：「非你境界。」

一一四　師示衆云：「大道只在目前，要且難睹。」僧乃問：「目前有何形段，令學人睹？」師云：「任你江南江北。」學云：「和尚豈無方便爲人？」師云：「適來問什麼？」

一一五　問：「入法界來，還知有也無？」師云：「誰入法界？」學云：「與麼即入法界不知去也？」師云：「不是寒灰死木，花錦成現百種有。」學云：「莫是入法界處用也無？」師云：「有什麼交涉。」

一一六　問：「若是實際理地，什麼處得來？」師云：「更請闍梨宣一遍。」

一一七　問：「萬境倶起，還有惑不得者也無？」師云：「有。」學云：「如何是惑不得者？」師云：「你還信有佛法否？」學云：「信有佛法，古人道了。如何是惑不得者？」師云：「爲什麼不問老僧？」學云：「問了也。」師云：「惑也。」

一一八 問：「未審古人與今人，還相近也無？」師云：「相近即近，不同一體。」學云：「爲什麼不同？」師云：「法身不說法。」學云：「法身不說法，和尙爲人也無？」師云：「我向惠裡答話！」學云：「爭道法身不說法？」師云：「我向惠裡救你阿爺，他終不出頭。」

一一九 問：「學人道不相見時，還回牙也無？」師云：「測得回牙。」學云：「測他不得？回互箇什麼？」師云：「不與麼是你自己。」學云：「和尙還受測也無？」師云：「人轉近道，即轉遠也。」學云：「和尙爲什麼自隱去？」師云：「我今見共你語話。」學云：「爭道不轉。」師云：「合與麼著。」

一二〇　師示衆云：「教化得底人是今生事，教化不得底人是第三生冤。若不教化，恐墮卻一切衆生。教化亦是冤。是你還教化也無？」僧云：「教化。」師云：「一切衆生，還見你也無？」學云：「不見。」師云：「爲什麼不見？」學云：「無相。」師云：「即今還見老僧否？」學云：「和尚不是衆生。」師云：「自知罪過即得。」

一二一　師示衆云：「龍女心親獻，盡是自然事。」問：「即是自然，獻時爲什麼？」師云：「若不獻，爭知自然。」

一二二　師示衆云：「八百箇作佛漢，覓一箇道人難得。」

一一三 問：「只如無佛無人處，還有修行也無？」師云：「除卻者兩個，有百千萬億。」學云：「道人來時，在什麼處？」師云：「你與麼即不修行也。」其僧禮拜。師云：「大有處著你在。」

一一四 問：「白雲不落時如何？」師云：「老僧不會上象。」學云：「豈無賓主？」師云：「老僧是主，闍梨是賓，白雲在什麼處？」

一一五 問：「大巧若拙時如何？」師云：「喪卻棟梁材。」

一一六 師示衆云：「佛之一字，吾不喜聞。」問：「和尚還爲人也無？」師云：「爲人。」學云：「如何爲人？」師云：「不識玄旨，徒勞念靜。」學云：「既是玄，作麼生是旨？」師云：「我不把本。」學云：「者箇是玄，如何是旨？」師云：「答你是旨。」

一二七　師示衆云：「各自有禪，各自有道。忽有人問你：作麼生是禪是道？作麼生祇對他？」僧乃問：「既各有禪道，從上至今語話爲什麼？」師云：「爲你遊魂。」學云：「未審如何爲人？」師乃退身不語。

一二八　師示衆云：「不得閑過，念佛、念法。」僧乃問：「如何是學人自己念？」師云：「念者是誰？」學云：「無伴。」師叱：「者驢！」

一二九　上堂，示衆云：「若是第一句，與祖佛爲師；第二句，與人天爲師；第三句，自救無療。」

有僧問：「如何是第一句？」師云：「與祖佛爲師。」師又云：「大好從頭起。」學人再問，師云：「又卻人天去也。」

一三〇 師示衆云：「是他不是不將來，老僧不是不祇對。」僧云：「和尚將什麼祇對？」師長吁一聲，云：「和尚將者箇祇對，莫辜負學人也無！」師云：「你適來肯我，我即辜負你。若不肯我，我即不辜負你。」

一三一 師示衆云：「老僧今夜答話去也，解問者出來！」有僧才出禮拜，師云：「比來拋磚引玉，只得箇墼子。」

一三二 問：「狗子有佛性也無？」師云：「無。」學云：「上至諸佛，下至螘子，皆有佛性，狗子爲什麼無？」師云：「爲伊有業識性在。」

一三三　問：「如何是法身？」師云：「應身。」云：「學人不問應身。」師云：「你但管應身。」

一三四　問：「朗月當空時如何？」師云：「闍梨名什麼？」學云：「專甲。」師云：「朗月當空，在什麼處？」

一三五　問：「正當二八時如何？」師云：「東東，西西。」學云：「如何是東東西西？」師云：「覓不著。」

一三六　問：「學人全不會時如何？」師云：「我更不會。」云：「和尚還知有也無？」師云：「我不是木頭，作麼不知！」云：「大好不會。」師拍掌笑之。

一三七　問：「如何是道人？」師云：「我向道是佛人。」

一三八　問：「凡有言句，舉手動足，盡落在學人網中；離此外，請師道！」師云：「老僧齋了，未吃茶。」

一三九　馬大夫問：「和尚還修行也無？」師云：「老僧若修行，即禍事。」云：「和尚既不修行，教什麼人修行？」師云：「大夫是修行底人！」云：「某甲何名修行？」師云：「若不修行，爭得撲在人王位中！餧得來赤凍紅地，無有解出期。」大夫乃下淚拜謝。

一四〇　師示衆云：「闍梨不是不將來，老僧不是不祇對。」又云：「闍梨莫擎拳合掌，老僧不將禪牀、拂子對。」

一四一　問：「思憶不及處如何？」師云：「過者邊來。」云：「過者邊來，即是及處；如何是思不及處？」師豎起手云：「你喚作什麼？」云：「喚作手，和尚喚作什麼？」師云：「百種名字，我亦道。」云：「不及和尚百種名字，且喚什麼？」師云：「與麼即你思憶不及處。」僧禮拜。師云：「教你思憶得及者。」云：「如何是？」師云：「釋迦教、祖師教，是你師！」云：「祖與佛古人道了也，如何是思憶不及處？」師再舉指云：「喚作什麼？」僧良久。師云：「何不當頭道著，更疑什麼！」

一四二　問：「如何是和尚家風？」師云：「老僧耳背，高聲問！」僧再問，師云：「你問我家風，我卻識你家風。」

一四三　問：「萬境俱起時如何？」師云：「萬境俱起。」云：「一問一答是起，如何是不起？」師云：「禪牀是不起底。」僧才禮拜次,師云：「記得問答？」云：「記得。」師云：「試舉看。」僧擬舉。

一四四 問：「如何是目前佛？」師云：「殿裡底！」云：「者箇是相貌佛，如何是佛？」師云：「即心是！」云：「即心猶是限量，如何是佛？」師云：「無心是。」學云：「有心、無心，還許學人揀也無？」師云：「有心、無心，總被你揀了也，更教老僧道什麼即得。」

一四五 問：「遠遠投師，未審家風如何？」師云：「不說似人。」學云：「爲什麼不說似人？」師云：「是我家風。」學云：「和尚既不說似人，爭奈四海來投？」師云：「你是道，我不是海。」學云：「未審海內事如何？」師云：「老僧釣得一箇。」

一四六　問：「祖佛近不得底是什麼人？」師云：「不是祖佛。」學云：「爭奈近不得何？」師云：「向你道，不是祖佛，不是衆生，不是物，得麼？」學云：「是什麼？」師云：「若有名字，即是祖佛、衆生也。」學云：「不可只與麼去也！」師云：「卒未與你去在。」

一四七　問：「如何是平常心？」師云：「狐狼野干是。」

一四八　問：「作何方便，即得聞於未聞？」師云：「未聞且置，你曾聞箇什麼來？」

一四九　問：「承教有言：隨色摩尼珠。如何是本色？」師召僧名，僧應諾，師云：「過者邊來！」僧便過，又問：「如何是本色？」師云：「且隨色走。」

一五〇　問：「平常心底人，還受教化也無？」師云：「我不歷他門戶。」學云：「與麼則莫沈却那邊人麼？」師云：「大好平常心。」

一五一　問：「如何是學人保任底物？」師云：「盡未來際揀不出。」

一五二　問：「如何是大修行底人？」師云：「寺裡綱維是。」

一五三　問：「學人才到，總不知門戶頭事如何？」師云：「上座名什麼？」學云：「惠南。」師云：「大好不知。」

一五四　問：「學人欲學，又謗於和尚，如何得不謗去？」師云：「你名什麼？」學云：「道皎。」師云：「靜處去，者米囤子！」

一五五　問：「如何是和尚大意？」師云：「無大無小。」學云：「莫便是和尚大意麼？」師云：「若有纖毫，萬劫不如。」

一五六　問：「萬法本閑，而人自鬧。是什麼人語？」師云：「出來便死。」

一五七　問：「不是佛，不是物，不是衆生。這箇是斷語，如何是不斷語？」師云：「天上天下，唯我獨尊。」

一五八　問：「如何是毗盧圓相？」師云：「老僧自小出家，不曾眼花。」學云：「和尚還爲人也無？」師云：「願你長見毗盧圓相。」

一五九　問：「佛祖在日，佛祖相傳；佛祖滅後，什麼人傳？」師云：「古今總是老僧分上！」學云：「未審傳箇什麼？」師云：「箇箇總屬生死！」云：「不可埋沒卻祖師也！」師云：「傳箇什麼。」

一六〇　問：「凡聖俱盡時如何？」師云：「願你作大德，老僧是障佛祖漢。」

一六一　問：「遠聞趙州，到來為什麼不見？」師云：「老僧罪過。」

一六二　問：「朗月當空，未審室中事如何？」師云：「老僧自出家，不曾作活計。」學云：「與麼即和尚不為今時也。」師云：

「自疾不能救，焉能救諸疾。」學云：「爭奈學人無依何？」師云：「依即蹋著地，不依即一任東西。」

一六三　問：「在心心不測時如何？」師云：「測阿誰？」學云：「測自己。」師云：「無兩箇。」

一六四　問：「不見邊表時如何？」師指淨瓶，云：「是什麼？」學云：「淨瓶。」師云：「大好不見邊表。」

一六五　問：「如何是歸根？」師云：「擬即差。」

一六六　問：「不離言句，如何得獨脫？」師云：「離言句獨脫。」學云：「適來無人教某甲來。」師云：「因什麼到此？」學云：「和尚何不揀出？」師云：「我早箇揀了也。」

一六七　問：「非心不即智，請和尚一句。」師云：「老僧落你後。」

一六八　問：「如何是畢竟？」師云：「畢竟。」學云：「那箇畢竟是？」師云：「老僧是畢竟。你不解問者話。」學云：「不是不問。」師云：「畢竟在什麼處！」

一六九　問：「不掛寸絲時如何？」師云：「不掛什麼？」學云：「不掛寸絲。」師云：「大好不掛寸絲。」

一七〇　問：「如救頭燃底人如何？」師云：「便學。」學云：「什麼處？」師云：「莫占他位次。」

一七一　問：「空劫中阿誰爲主？」師云：「老僧在裡許坐。」學云：

「說甚麼法？」師云：「說你問底！」

一七二　問：「承古有言：『虛明自照。』如何是自照？」師云：「不稱他照。」學云：「照不著處如何？」師云：「你話墮也。」

一七三　問：「如何是的？」師云：「一念未起時。」

一七四　問：「如何是法王？」師云：「州裡大王是。」云：「和尚不是？」師云：「你擬造反去，都來一箇王不認！」

一七五　問：「如何是佛心？」師云：「你是心，我是佛，奉不奉自看！」學云：「師即不無，還奉得也無？」師云：「你教化我看。」

一七六　問：「三身中，那箇是本來身？」師云：「闕一不可。」

一七七　問：「未審此土誰爲祖師？」師云：「達磨來，這邊總是。」學云：「和尙是第幾祖？」師云：「我不落位次！」學云：「在什麼處？」師云：「在你耳裡。」

一七八　問：「不棄本，不逐末，如何是正道？」師云：「大好出家兒。」學云：「學人從來不曾出家！」師云：「歸依佛，歸依法。」學云：「未審有家可出也無？」師云：「直須出家。」學云：「向什麼處安排他？」師云：「且向家裡坐。」

一七九　問：「明眼人見一切，還見色也無？」師云：「打卻著。」學云：「如何打得？」師云：「莫用力。」學云：「不用力如何打得？」師云：「若用力即乖。」

一八〇　問：「祖佛大意，合爲什麼人？」師云：「只爲今時。」學云：「爭奈不得何？」師云：「誰之過？」學云：「如何承當？」師云：「如今無人承當得！」學云：「與麼即無依倚也？」師云：「又不可無卻老僧。」

一八一　問：「了事底人如何？」師云：「正大修行。」學云：「未審和尙還修行也無？」師云：「著衣吃飯。」學云：「著衣吃飯尋常事，未審修行也無？」師云：「你且道我每日作什麼！」

一八二　崔郎中問：「大善知識，還入地獄也無？」師云：「老僧末上入！」崔云：「既是大善知識，爲什麼入地獄？」師云：「老僧若不入，爭得見郎中！」

一八三　問：「毫釐有差時如何？」師云：「天地懸隔。」云：「毫釐無差時如何？」師云：「天地懸隔。」

一八四　問：「如何是不睡底眼？」師云：「凡眼、肉眼。」又云：「雖未得天眼，肉眼力如是。」學云：「如何是睡底眼？」師云：「佛眼、法眼是睡底眼。」

一八五　問：「大庾嶺頭趁得及，爲什麼提不起？」師拈起衲衣，云：「你甚處得者箇來？」云：「不問者箇。」師云：「與麼即提不起。」

一八六　問：「不合不散如何辨？」師云：「你有一箇，我有一箇。」云：「者箇是合，如何是散？」師云：「你便合。」

一八七　問：「如何是不錯路？」師云：「識心見性是不錯路。」

一八八　問：「明珠在掌，還照也無？」師云：「照即不無，喚什麼作珠？」

一八九　問：「靈苗無根時如何？」師云：「你從什麼處來？」云：「太原來。」師云：「大好無根。」

一九〇　問：「學人擬作佛時如何？」師云：「大煞費力生。」云：「不費力時如何？」師云：「與麼即作佛去也。」

一九一　問：「學人昏鈍在一浮沉，如何得出？」師只據坐，云：「某甲實問和尚。」師云：「你甚處作一浮一沉。」

一九二　問：「不在凡，不在聖，如何免得兩頭路？」師云：「去卻兩頭來答你。」僧不審。師云：「不審，從什麼處起？在者裡，從老僧起；在市裡時，從什麼處起？」云：「和尚爲什麼不定？」師云：「我教你，何不道『今日好風』。」

一九三　問：「如何是大闡提底人？」師云：「老僧答你還信否？」云：「和尚重言，那敢不信？」師云：「覓箇闡提人難得！」

一九四　問：「大無慚愧底人，什麼處著得？」師云：「此間著不得。」云：「忽然出頭爭向？」師云：「將取去。」

一九五　問：「用處不現時如何？」師云：「用即不無，現是誰。」

一九六　問：「空劫中還有人修行也無？」師云：「喚什麼作空劫？」云：「無一物是。」師云：「者箇始稱修行，喚什麼作空劫！」

一九七　問：「如何是出家？」師云：「不履高名，不求垢壞。」

一九八　問：「不指一法，如何是和尚法？」師云：「老僧不說茆山法。」云：「既不說茆山法，如何是和尚法？」師云：「向你道不說茆山法。」云：「莫者箇便是也無？」師云：「老僧未曾將者箇示人。」

一九九　問：「如何是目前獨脫一路？」師云：「無二亦無三。」云：「目前有路，還許學人進前也無？」師云：「與麼即千里萬里。」

二〇〇　問：「如何是毗盧向上事？」師云：「老僧在你脚底。」云：「和尙爲什麼在學人脚底？」師云：「你元來不知有向上事。」

二〇一　問：「如何是合頭？」師云：「是你不合頭。」云：「如何是不合頭？」師云：「前句牟取。」

二〇二　問：「如何是和尙的的意？」師云：「止止不須說，我法妙難思。」

二〇三　問：「澄澄絕點時如何？」師云：「墮坑落塹。」云：「有什麼過？」師云：「你屈著與麼人。」

二〇四　問：「未審出家誓求無上菩提時如何？」師云：「未出家，被菩提使；既出家，使得菩提。」

二〇五　有秀才見師手中拄杖，乃云：「佛不奪衆生願，是否？」師云：「是。」秀才云：「某甲就和尚乞取手中拄杖，得否？」師云：「君子不奪人所好。」秀才云：「專甲不是君子。」師云：「老僧亦不是佛。」

二〇六　師因出外。見婆子插田。云：「忽遇猛虎作麼生？」婆云：「無一法可當情。」師云：「哰。」婆子云：「哰。」師云：「猶有者箇在。」

二〇七　有秀才辭去，云：「專甲在此括撓和尚多時，無可報答和尚，待他日作一頭驢來報答和尚。」師云：「教老僧爭得鞍。」

二〇八　師到道吾處，才入僧堂，吾云：「南泉一隻箭來。」師云：

「看箭。」吾云：「過也。」師云：「中也。」

趙州禪師語錄卷中

二〇九

師上堂，示衆云：「金佛不度爐，木佛不度火，泥佛不度水，眞佛內裡坐。菩提、涅槃、眞如、佛性，盡是貼體衣服，亦名煩惱。不問即無煩惱，實際理地，什麼處著。一心不生，萬法無咎。但究理而坐二三十年，若不會，截取老僧頭去。夢幻空花，徒勞把捉；心若不異，萬法亦然。既不從外得，更拘什麼？如羊相似，更亂拾物安口中作麼。老僧見藥山和尚道：『有人問著，但交合取狗口。』老僧亦道：『合取狗口。』取我是垢，不取我是淨。一似獵狗相似，專欲得物吃。佛法向什麼處著。一千人萬人盡是覓佛漢子，覽一箇道人無。若與空王為弟子，莫教心病最難醫。未有世界，早有此性；世界壞時，此性不壞。從一見老僧後，更不是別人，只是箇主人公。者箇更向外覓作麼？與麼時，莫轉頭換面即失却也。」

二一〇　問：「百骸俱潰散，一物鎮長靈時如何？」師云：「今朝又風起。」

二一一　問：「三乘十二分教即不問，如何是祖師西來意？」師云：「水牯牛生兒也，好看取！」云：「未審此意如何？」師云：「我亦不知。」

二一二　問：「萬國來朝時如何？」師云：「逢人不得喚。」

二一三　問：「十二時中，如何淘汰？」師云：「奈河水濁，西水流急。」云：「還得見文殊也無？」師云：「者矇瞳漢，什麼處去來？」

二一四　問：「如何是道場？」師云：「你從道場來，你從道場去；

脫體是道場，何處更不是。」

二一五　問：「萌芽未發時如何？」師云：「嗅著即腦裂。」云：「不嗅時如何？」師云：「無者閒工夫。」

二一六　問：「如何數量？」師云：「一二三四五。」云：「數量不拘底事如何？」師云：「一二三四五。」

二一七　問：「什麼世界即無晝夜？」師云：「即今是晝是夜？」云：「不問即今。」師云：「爭奈老僧何。」

二一八　問：「迦葉上行衣，不踏曹溪路，什麼人得披？」師云：「虛空不出世，道人都不知。」

二一九　問：「如何是混而不雜？」師云：「老僧菜食長齋。」云：「還得超然也無？」師云：「破齋也。」

二二〇　問：「如何是古人之言？」師云：「啼聽、諦聽。」

二二一　問：「如何是學人本分事？」師云：「與麼嫌什麼？」

二二二　問：「萬法歸一，一歸何所？」師云：「我在青州作一領布衫，重七斤。」

二二三　問：「如何是出家兒？」師云：「不朝天子，父母返拜！」

二二四　問：「覿面事如何？」師云：「你是覿面漢。」

二二五　問：「如何是佛向上人？」師云：「只者牽耕牛底是。」

二二六　問：「如何是急？」師云：「老僧與麼道，你作麼生？」云：「不會。」師云：「向你道，急急著靴水上立，走馬到長安，靴頭猶未濕。」

二二七　問：「四山相逼時如何？」師云：「無路是趙州。」

二二八　問：「古殿無王時如何？」師咳嗽一聲，云：「與麼即臣啓陛下？」師云：「賊身已露。」

二二九　問：「和尙年多少？」師云：「一串數珠數不盡。」

二三〇　問：「和尙承嗣什麼人？」師云：「從諗。」

二三一　問：「外方忽有人問：『趙州說什麼法？』如何祇對？」師云：「塩貴米賤。」

二三二　問：「如何是佛？」師云：「你是佛麼。」

二三三　問：「如何是出家？」師云：「爭得見老僧。」

二三四　問：「佛祖不斷處如何？」師云：「無遺漏。」

二三五　問：「本源請師指示。」師云：「本源無病。」云：「了處如何？」師云：「了人知。」云：「與麼時如何？」師云：「與我安名字著。」

二三六　問：「純一無雜時如何？」師云：「大煞好一問。」

二三七　問：「無爲寂靜底人，莫落在沉空也無？」師云：「落在沉空。」云：「究竟如何？」師云：「作驢，作馬。」

二三八　問：「如何是祖師西來意？」師云：「床脚是。」云：「莫便是也無？」師云：「是即脫取去。」

二三九　問：「澄澄絕點時如何？」師云：「老僧者裡，不著客作漢。」

二四〇　問：「鳳飛不到時如何？」師云：「起自何來？」

二四一　問：「實際理地，不受一塵時如何？」師云：「一切總在裡許。」

二四二　問：「如何是一句？」師應諾。僧再問。師云：「我不患聾。」

二四三　問：「初生孩子，還具六識也無？」師云：「急流水上打球子。」

二四四　問：「頭頭到來時如何？」師云：「猶較老僧百步。」

二四五　問：「如何是和尚家風？」師云：「老僧自小出家，抖擻破活計。」

二四六　問：「請和尚離四句道？」師云：「老僧常在裡許。」

二四七　問：「扁鵲醫王，爲什麼有病？」師云：「扁鵲醫王，不離牀枕。」又云：「一滴甘露，普潤大千。」

二四八　問：「如何是露地白牛？」師云：「者畜生。」

二四九　問：「如何是大人相？」師側目視之。云：「猶是隔階趨得附在。」師云：「老僧無工夫趨得者閑漢。」

二五〇　問：「才有心念，落在人天，直無心念，落在眷屬時如何？」師云：「非但老僧，作家亦答你不得。」

二五一　問：「凡有施爲，盡落糟粕，請師不施爲答。」師叱尼云：「將水來，添鼎子沸。」

二五二　問：「如何是般若波羅蜜？」師云：「摩訶般若波羅蜜。」

二五三　問：「如何是咬人獅子？」師云：「歸依佛，歸依法，歸依僧，莫咬老僧。」

二五四　問：「離卻言句，請師道。」師咳嗽。

二五五　問：「如何得不謗古人，不負恩去？」師云：「闍梨作麼生。」

二五六　問：「如何是一句？」師云：「道什麼。」

二五七　問：「如何是一句？」師云：「兩句。」

二五八　問：「唯佛一人是善知識如何？」師云：「魔語。」

二五九　問：「如何是菩提？」師云：「者箇是闡提。」

二六〇　問：「如何是大人相？」師云：「好箇兒孫。」

二六一　問：「寂寂無依時如何？」師云：「老僧在你背後。」

二六二　問：「如何是伽藍？」師云：「別更有什麼？」云：「如何是伽藍中人？」師云：「老僧與闍梨。」

二六三　問：「二龍爭珠，誰是得者？」師云：「老僧只管看。」

二六四　問：「如何是離因果底人？」師云：「不因闍梨問，老僧實不知。」

二六五　問：「衆盲摸象，各說異端，如何是眞象？」師云：「無假，自是不知。」

二六六　問：「如何是第一句？」師咳嗽，云：「莫便是否？」師云：「老僧咳嗽也不得。」

二六七　問：「大海還納衆流也無？」師云：「大海道不知。」云：「因什麼不知？」師云：「終不道我納衆流。」

二六八　問：「如何是毗盧師？」師云：「毗盧、毗盧。」

二六九　問：「諸佛還有師也無？」師云：「有。」云：「如何是諸佛師？」師云：「阿彌陀佛，阿彌陀佛。」

二七〇　問：「如何是學人師？」師云：「雲有出山勢，水無投澗聲。」云：「不問者個。」師云：「是你師不認。」

二七一　問：「諸方盡向口裡道，和尚如何示人？」師腳跟打火爐示之，云：「莫便是也無？」師云：「恰認得老僧腳跟。」

二七二　問：「不行不道時如何？」師云：「者販私鹽漢。」云：「卻行大道時如何？」師云：「還我公驗來。」

二七三　問：「如何是本來身？」師云：「自從識得老僧後，只者漢更不別。」云：「與麼即與和尚隔生去也？」師云：「非但今生，千生萬生亦不識老僧。」

二七四　問：「如何是祖師西來意？」師云：「東壁上掛葫蘆，多少時也？」

二七五　問：「方圓不就時如何？」師云：「不方不圓。」云：「與麼時如何？」師云：「是方是圓。」

二七六　問：「道人相見時如何？」師云：「呈漆器。」

二七七　問：「諦爲什麼觀不得？」師云：「諦既不無，觀即不得。」云：「畢竟如何？」師云：「失諦。」

二七八　問：「行又不到，問又不到時，如何？」師云：「到以不到，道人看如涕唾。」云：「其中事如何？」師唾地。

二七九　問：「如何是祖師西來意？」師云：「如你不喚作祖師意猶

未在。」云：「本來的如何？」師云：「四目相睹，更無第二主宰。」

二八〇　問：「不具形儀還會也無？」師云：「即今還會麼？」

二八一　問：「如何是大無慚愧底人？」師云：「皆具不可思議。」

二八二　問：「學人擬向南方學些子佛法去，如何？」師云：「你去南方，見有佛處，急走過，無佛處，不得住。」云：「與麼即學人無依也？」師云：「柳絮，柳絮。」

二八三　問：「如何是急切處？」師云：「一問一答。」

二八四　問：「不藉三寸，還假今時也無？」師云：「我隨你道，你作麼生會？」

二八五　問：「如何是和尚家風？」師云：「茫茫宇宙人無數。」云：「請和尚不答話。」師云：「老僧合與麼？」

二八六　問：「二龍爭珠，誰是得者？」師云：「失者無虧，得者無用。」

二八七　問：「如何是大人相？」師云：「是什麼？」

二八八　問：「有俗士獻袈裟，問：『披與麼衣服，莫辜負古人也無？』」師抛下拂子，云：「是古是今。」

二八九　問：「如何是沙門行？」師云：「展手不展腳。」

二九〇　問：「牛頭未見四祖時如何？」師云：「飽柴飽水。」云：「見後如何？」師云：「飽柴飽水。」

二九一　問：「如何是學人自己？」師云：「吃粥了也無？」云：「吃粥也。」師云：「洗鉢盂去。」

二九二　問：「如何是毗盧師？」師云：「白駝來也無？」云：「來也。」師云：「牽去喂草。」

二九三　問：「如何是無師智？」師云：「老僧不曾教闍梨。」

二九四　問：「如何是親切一句？」師云：「話墮也。」

二九五　問：「不借口，還許商量也無？」師云：「正是時。」云：「便請師商量。」師云：「老僧不曾出。」

二九六　問：「二祖斷臂當爲何事？」師云：「粉骨碎身。」云：「供養什麼人？」師云：「來者供養。」

二九七　問：「無邊身菩薩爲什麼不見如來頂相！」師云：「你是闍梨。」

二九八　問：「晝是日光，夜是火光，如何是神光？」師云：「日光火光。」

二九九　問：「如何是恰問處？」師云：「錯。」云：「如何是不問處？」師云：「向前一句裡弁取。」

三〇〇　問：「如何是大人相？」師似手摸面，叉手斂容。

三〇一　問：「如何是無爲？」師云：「者箇是有爲。」

三〇二　問：「如何是祖師西來意？」師云：「欄中失卻牛。」

三〇三　問：「學人遠來，請和尚指示？」師云：「才入門，便好驀面唾。」

三〇四　問：「如何是直截一路？」師云：「淮南船子到也未？」云：「學人不會。」師云：「且喜到來。」

三〇五　問：「柏樹子還有佛性也無？」師云：「有。」云：「幾時成佛？」師云：「待虛空落地。」云：「虛空幾時落地？」師云：「待柏樹子成佛。」

三〇六　問：「如何是西來意？」師云：「因什麼向院裡罵老僧？」云：「學人有何過？」師云：「老僧不能就院裡罵得闍梨。」

三〇七　問：「如何是西來意？」師云：「板齒生毛。」

三〇八　問：「貧子來，將什麼過與？」師云：「不貧。」云：「爭奈覓和尚何？」師云：「只是守貧。」

三〇九　問：「無邊身菩薩，爲什麼不見如來頂相？」師云：「如隔羅縠。」

三一〇　問：「諸天甘露什麼人得吃？」師云：「謝你將來。」

三一一　問：「超過乾坤底人如何？」師云：「待有與麼人，即報來。」

三一二　問：「如何是伽藍？」師云：「三門、佛殿。」

三一三　問：「如供是不生不滅？」師云：「本自不生，今亦無滅。」

三一四　問：「如何是趙州主？」師云：「大王是。」

三一五　問：「急切處，請師道。」師云：「尿是小事，須是老僧自去始得。」

三一六　問：「如何是六丈金身？」師云：「腋下打領。」云：「學人不會。」師云：「不會，請人裁。」

三一七　問：「學人有疑時如何？」師云：「大宜小宜。」學云：「大疑。」師云：「大宜東北角，小宜僧堂後。」

三一八　問：「如何是佛向上人？」師下禪床，上下觀瞻相，云：「者漢如許長大，截作三橛也得，問什麼向上向下。」

三一九　尼問：「如何是密密意？」師以手掐之，云：「和尚猶有者箇在！」師云：「是你有者箇。」

三二〇　師示衆云：「老僧三十年前在南方，火爐頭有箇『無賓主』話，直至如今，無人舉著。」

三二一　問：「和尚受大王如是供養，將什麼報答？」師云：「念佛。」云：「貧子也解念佛。」師云：「喚侍者將一錢與伊。」

三二二　問：「如何是和尚家風？」師云：「屏風雖破，骨格猶存。」

三二三　問：「如何是不遷之義？」師云：「你道者野鴨子，飛從東去西去。」

三二四　問：「如何是西來意？」師云：「什麼處得者消息來？」

三二五　問：「如何是塵中人？」師云：「布施茶鹽錢來。」

三二六　問：「大耳三藏第三度覓國師不見，未審國師在什麼處？」師云：「在三藏鼻孔裡。」

三二七　問：「盲龜值浮木孔時如何？」師云：「不是偶然事。」

三二八　問：「久居巖谷時如何？」師云：「何不隱去。」

三二九　問：「如何是佛法大意？」師云：「禮拜著。」僧擬進話次，師喚沙彌文遠，文遠到，師叱云：「適來去什麼處來？」

三三〇　問：「如何是自家本意？」師云：「老僧不用牛刀。」

三三一　問：「久響趙州石橋，到來只見掠彴子。」師云：「闍梨只見掠彴子，不見趙州石橋？」云：「如何是趙州石橋？」師云：「過來過來。」

三三二　又僧問：「久響趙州石橋，到來只見掠彴子。」師云：「你只見掠彴子，不見趙州石橋？」云：「如何是石橋？」師云：「度驢度馬。」

三三三 問：「和尚姓什麼？」師云：「常州有。」云：「甲子多少？」師云：「蘇州有。」

三三四 師上堂云：「才有是非，紛然失心。還有答話分也無？」有僧出撫侍者一下，云：「何不祇對和尚？」師便歸方丈。後侍者請益：「適來僧是會不會？」師云：「坐底見立底，立底見坐底。」

三三五 問：「如何是道？」師云：「牆外底。」云：「不問者箇。」師云：「問什麼道？」。云：「大道。」師云：「大道通長安。」

三三六 問：「撥塵見佛時如何？」師云：「撥塵即不無，見佛即不得。」

三三七 問：「如何是無疾之身。」師云：「四大五陰。」

三三八 問：「如何是闡提？」師云：「何不問菩提？」云：「如何是菩提？」師云：「只者便是闡提。」

三三九 師有時屈指，云：「老僧喚作拳，你諸人喚作什云？」僧云：「和尚何得將境示人？」師云：「我不將境示人，若將境示闍梨，即埋沒闍梨去也。」云：「爭奈者箇何？」師便珍重。

三四〇 問：「一問一答，總落天魔外道，設使無言，又犯他匡網，如何是趙州家風？」師云：「你不解問。」云：「請和尚答話。」師云：「若據你合吃二十棒。」

三四一　師示衆云：「才有是非，紛然失心。還有答話分也無？」有僧出將沙彌打一拳，便出去，師便歸方丈。至來日，問侍者：「昨日者師僧在什麼處？」侍者云：「當時便去也。」師云：「三十年弄馬騎，卻被驢子撲。」

三四二　問：「與麼來底人，師還接也無？」師云：「接。」云：「不與麼來底人，師還接也無？」師云：「接。」云：「與麼來，從師接；不與麼來，師如何接？」師云：「止止不須說，我法妙難思。」

三四三　鎮府大王問：「師尊年，有幾箇齒在？」師云：「只有一箇牙。」大王云：「爭吃得物？」師云：「雖然一箇，下下咬著。」

三四四　問：「如何是學人珠？」師云：「高聲問。」僧禮拜。師云：「不解問，何不道：『高下即不問，如何是學人珠？』何不與麼問？」僧便再問，師云：「洎合放過者漢。」

三四五　問：「二邊寂寂，師如何闡揚？」師云：「今年無風波。」

三四六　問：「大衆雲集，合談何事？」師云：「今日拽木頭，豎僧堂。」云：「莫只者個便是接學人也無？」師云：「老僧不解雙陸，不解長行。」

三四七　問：「如何是眞實人體？」師云：「春夏秋冬。」云：「與麼即學人難會？」師云：「你問我眞實人體。」

三四八　問：「如何是佛法大意？」師云：「你名什麼？」云：「某甲。」師云：「含元殿裡，金谷園中。」

三四九　問：「如何是七佛師？」師云：「要眠即眠，要起即起。」

三五〇　問：「道非物外，物外非道，如何是物外道？」師便打，云：「和尚莫打某甲，已後錯打人去在。」師云：「龍蛇易辨，衲子難瞞。」

三五一　師見大王入院，不起，以手自拍膝云：「會麼？」大王云：「不會。」師云：「自小出家今已老，見人無力下禪牀。」

三五二　問：「如何是忠言？」師云：「你娘醜陋。」

三五三　問：「從上至今，不忘底人如何？」師云：「不可得繫心，常思念十方一切佛。」

三五四　問：「如何是忠言？」師云：「吃鐵棒。」

三五五　問：「如何是佛向上事？」師便撫掌大笑。

三五六　問：「一燈燃百千燈，一燈未審從什麼處發？」師便趯出一隻履；又云：「若是作家即不與麼問。」

三五七　問：「歸根得旨，隨照失宗時如何？」師云：「老僧不答者話。」云：「請和尚答話。」師云：「合與麼。」

三五八　問：「如何是不思處？」師云：「快道、快道。」

三五九　問：「夜升兜率，晝降閻浮，其中爲什麼摩尼不現？」師云：「道什麼？」僧再問，師云：「毗婆尸佛早留心，直至如今不得妙。」

三六〇　問：「非思量處如何？」師云：「速道、速道。」

三六一　問：「如何是衣中寶？」師云：「者一問嫌什麼？」云：「者箇是問，如何是寶？」師云：「與麼即衣也失卻。」

三六二　問：「萬里無店時如何？」師云：「禪院裡宿。」

三六三　問：「狗子還有佛性也無？」師云：「家家門前通長安。」

三六四　問：「覿面相呈，還盡大意也無？」師云：「低口。」云：「收不得處如何？」師云：「向你道低口。」

三六五　問：「如何是目前一句？」師云：「老僧不如你。」

三六六　問：「出來底是什麼人？」師云：「佛菩薩。」

三六七　問：「靈草未生時如何？」師云：「嗅著即腦袋。」云：「不嗅時如何？」師云：「如同立死漢。」云：「還許學人和合否？」師云：「人來，莫向伊道。」

三六八　問：「祖意與教意同別？」師云：「才出家未受戒，到處問人。」

三六九　問：「如何是聖？」師云：「不凡。」云：「如何是凡？」師云：「不聖。」云：「不凡不聖時如何？」師云：「好個禪僧。」

三七〇　問：「兩鏡相向，那箇最明？」師云：「闍梨眼皮，蓋須彌山。」

三七一　問：「學人近入叢林，乞師指示。」師云：「蒼天蒼天。」

三七二　問：「前句已往，後句難明時如何？」師云：「喚作即不可。」云：「請師分。」師云：「問問。」

三七三　問：「高峻難上時如何？」師云：「老僧不向高峰頂。」

三七四　問：「不與萬法為侶者是什麼人？」師云：「非人。」

三七五　問：「請師宗乘中道一句子？」師云：「今日無錢與長官。」

三七六　問：「學人不別問，請師不別答。」師云：「奇怪。」

三七七　問：「三乘教外，如何接人？」師云：「有此世界來，日月不曾換。」

三七八　問：「三處不通，如何離識？」師云：「識是分外。」

三七九　問：「眾機來湊，未審其中事如何？」師云：「我眼本正，不說其中事。」

三八〇　問：「淨地不止是什麼人？」師云：「你未是其中人在。」云：「如何是其中人。」師云：「止也。」

三八一　問：「如何是萬法之源？」師云：「棟梁椽柱。」云：「學人不會。」師云：「栱斗叉手不會。」

三八二　問：「一物不將來時如何？」師云：「放下著。」

三八三　問：「路逢達道人，不將語默對。未審將什麼對？」師云：「人從陳州來，不得許州信。」

三八四　問：「開口是有爲，如何是無爲？」師以手示之，云：「者箇是無爲。」云：「者個是有爲，如何是無爲？」師云：「無爲。」云：「者箇是有爲。」師云：「是有爲。」

三八五　師示衆云：「佛之一字，吾不喜聞。」

三八六　問：「和尚還爲人也無？」師云：「佛，佛。」

三八七　問：「盡卻今時，如何是的的處？」師云：「盡卻今時，莫問那箇。」云：「如何是的。」師云：「向你道莫問。」云：「如何得見？」師云：「大無外，小無內。」

三八八　問：「離四句絕百非時，如何？」師云：「老僧不認得死。」云：「者箇是和尚分上事。」師云：「恰是。」云：「請和尚指示。」師云：「離四句絕百非，把什麼指示。」

三八九　問：「如何是和尚家風？」師云：「內無一物，外無所求。」

三九〇　問：「如何是歸根得旨？」師云：「答你即乖。」

三九一　問：「如何是疑心？」師云：「答你即乖也。」

三九二　問：「出家底人，還作俗否？」師云：「出家即是座主，出與不出，老僧不管。」云：「爲什麼不管？」師云：「與麼即出家也。」

三九三　問：「無師弟子時如何？」師云：「無漏智性，本自具足。」又云：「此是無師弟子。」

三九四　問：「不見邊表時如何？」師云：「因什麼與麼！」

三九五　問：「澄而不清，渾而不濁時，如何？」師云：「不清不濁。」云：「是什麼？」師云：「也可憐生。」云：「如何是通方？」師云：「離卻金剛禪。」

三九六　問：「如何是囊中寶？」師云：「嫌什麼。」云：「用不窮時如何？」師云：「自家底還重否？」又云：「用者即重，不用即輕。」

三九七　問：「如何是祖師的的意？」師涕唾，云：「其中事如何？」師又唾地。

三九八　問：「如何是沙門行？」師云：「離行。」

三九九　問：「眞休之處，請師指。」師云：「指即不休。」

四〇〇　問：「無問時如何？」師云：「乖常語。」

四〇一　問：「四山相逼時如何？」師云：「無出迹。」

四〇二　問：「到者裡道不得時如何？」師云：「不得道。」云：「如何道？」師云：「道不得處。」

四〇三　問：「但有言句，盡不出頂，如何是頂外事？」師喚沙彌文遠。文遠應諾。師云：「今日早晚也。」

四〇四　問：「如何是毗盧師？」師云：「莫惡口。」

四〇五　問：「至道無難，唯嫌揀擇，如何不揀擇？」師云：「天上天下，唯我獨尊。」云：「此猶是揀擇。」師云：「田庫奴，什麼處是揀擇！」

四〇六　問：「如何是三界外人？」師云：「爭奈老僧在三界內。」

四〇七　問：「知有不有底人如何？」師云：「你若更問，即故問老僧。」

四〇八　師示衆云：「向南方趨叢林去，莫在者裡。」僧便問：「和尚者裡是甚處？」師云：「我者裡是柴林。」

四〇九　問：「如何毗盧師？」師云：「性是弟子。」

四一〇　問：「歸根得旨時如何？」師云：「太慌忙生。」云：「不審。」師云：「不審從甚麼處起。」

四一一　劉相公入院，見師掃地，問：「大善知識，爲什麼卻掃塵？」師云：「從外來。」

四一二　問：「利劍出匣時如何？」師云：「黑。」云：「正問之時，如何弁白？」師云：「無者閑工夫。」云：「叉手向人前爭奈何？」師云：「早晚見你叉手。」云：「不叉手時如何？」師云：「誰是不叉手者？」

四一三　問：「如何是沙門得力處？」師云：「你什麼處不得力？」

四一四　問：「如何是和尚示學人處？」師云：「目前無學人。」云：

「與麼即不出世也。」師便珍重。

四一五　問：「祖意與教意同別？」師作拳安頭上。云：「和尚猶有者箇在？」師卸下帽子，云：「你道老僧有箇什麼？」

四一六　問：「心又停不住時如何？」師云：「是活物。是者箇正被心識使在。」云：「如何得不被心識使？」師便低頭。

四一七　問：「道從何生？」師云：「者箇即生也，道不屬生滅。」云：「莫是天然也無？」師云：「者箇是天然，道即不與麼。」

四一八　問：「祖意與教意同別？」師云：「會得祖意，便會教意。」

四一九　問：「如何是異類中行？」師云：「唵啷啉、唵啷啉。」

四二〇　問：「高峻難上時如何？」師云：「老僧自住峰頂。」云：「爭奈曹溪路側何？」師云：「曹溪是惡。」云：「今時為什麼不到？」師云：「是渠高峻。」

四二一　問：「如何是寶月當空？」師云：「塞卻老僧耳。」

四二二　問：「毫釐有差時如何？」師云：「粗。」云：「應機時如何？」師云：「屈。」

四二三　問：「如何是沙門行？」師展手拂衣。

四二四　問：「祖佛命不斷處如何？」師云：「無人知。」

四二五　問：「未審權機喚作什麼？」師云：「喚作權機。」

四二六　問：「學人近入叢林不會，乞師指示。」師云：「未入叢林，更是不會。」

四二七　問：「從上古德，將何示人？」師云：「不因你問，老僧也不知古德。」云：「請師指示。」師云：「老僧不是古德。」

四二八　問：「佛花未發，如何弁得真實？」師云：「是眞是實。」云：「是什麼人分上事？」師云：「老僧有分，闍梨有分。」

四二九　問：「如何是佛？」師云：「你是什麼人？」

四三〇　問：「驀直路時如何？」師云：「驀直路。」

四三一　問：「如何是玄中不斷玄？」師云：「你問我是不斷玄。」

四三二　問：「覺花未發時，如何弁得眞實？」師云：「已發也。」云：「未審是眞是實？」師云：「眞即實，實即眞。」

四三三　問：「還有不報四恩三德者也無？」師云：「有。」云：「如何是？」師云：「者辜恩負德漢。」

四三四　問：「貧子來，將什麼與他？」師云：「不欠少。」

四三五　問：「如何是趙州正主？」師云：「老僧是從諗。」

四三六　有婆子問：「婆是五障之身，如何免得？」師云：「願一切人升天，願婆婆永沈苦海。」

四三七　問：「朗月當空時如何？」師云：「猶是階下漢。」云：「請師接上階。」師云：「月落了，來相見。」

四三八　師有時示衆云：「老僧初到藥山時，得一句子，直至如今齁齁地飽。」

趙州禪師語錄卷下

四三九　師因在室坐禪次，主事報和尙云：「大王來禮拜。」大王禮拜了，左右問：「列土王來，爲什麼不起？」師云：「你不會。老僧者裡，下等人來，出三門接；中等人來，下禪牀接；上等人來，禪牀上接。不可喚大王作中等、下等人也，恐屈大王。」大王歡喜，再三請入內供養。

四四〇　師因問周員外：「你還夢見臨濟也無？」員外竪起拳。師云：「那邊見。」外云：「者邊見。」師云：「什麼處見臨濟。」員外無對。師問：「周員外什麼處來？」云：「非來非去。」師云「不是老鴉，飛來飛去。」

四四一　師示衆云：「才有是非，紛紛然心，還有答話分也無？」後有僧舉似洛浦，洛浦扣齒；又舉似雲居，雲居云：「何必。」僧舉似師，師云：「南方大有人喪身失命。」僧云：「請和尚舉。」師才舉，僧便指傍僧云：「者箇師僧，吃却飯了，作什麼語話。」

四四二　師因看《金剛經》次，僧便問：「一切諸佛及諸佛阿耨菩提，皆從此經出，如何是此經？」師云：「《金剛般若波羅蜜經》，如是我聞，一時佛在舍衛國。」僧云：「不是。」師云：「我自理經，也不得。」

四四三　因僧辭去，師云：「闍梨出外，忽有人問：『還見趙州否？』你作麼生祇對？」云：「只可道見。」師云：「老僧是一頭驢，你作麼生見？」無語。

四四四　師問新到：「從什麼處來？」云：「南方來。」師云：「還知有趙州關麼？」云：「須知趙州關者。」師叱云：「者販私鹽漢。」
又云：「兄弟！趙州關也難過。」云「如何是趙州關？」師云：「石橋是。」

四四五　有僧從雪峰來，師云：「上座莫住此間，老僧者裡只是避難所在，佛法盡在南方。」云：「佛法豈有南北？」師云：「直饒你從雲居、雪峰來，也只是箇擔板漢？」云：「未審那邊事如何？」師云：「你因什麼夜來尿牀？」云：「達後如何？」師云：「又是屙屎。」

四四六　示衆云：「我此間有出窟獅子，亦有在窟獅子，只是難得獅子兒。」時有僧彈指對之。師云：「是什麼？」云：「獅子兒。」師云：「我喚作獅子兒，是是罪過，你更行趯踏。」

四四七　問新到：「離什麼處？」云：「離雪峰。」師云：「雪峰有什麼言句示人？」云：「和尚尋常道：『盡十方世界，是沙門一隻眼，你等諸人向什麼處阿？』」師云：「闍梨若迴，寄箇鍬子去。」

四四八　師因捨衣俵大衆次，僧便問：「和尚總捨却了，用箇什麼去？」師召云：「湖州子。」僧應諾。師云：「用箇什麼！」

四四九　師示衆云：「未有世界，早有此性；世界壞時，此性不壞。」僧問：「如何是此性？」師云：「五蘊、四大。」云：「此猶是壞，如何是此性？」師云：「四大、五蘊。」

四五〇　定州有一座主到，師問：「習何業？」云：「經律論不聽便講。」師舉手示之：「還講得者箇麼？」座主茫然不知。師云：「直饒你不便聽講得，也只是箇講經論漢，若是佛法，未在。」云：「和尚即今語話，莫便是佛法否？」師云：「直饒你問得答得，總屬經論，佛法未在。」無語。

四五一　師因問一行者：「從什麼處來？」云：「北院來。」師云：「那院何似者院？」行者無對。有僧在邊立，師令代行者語，僧代云：「從那院來。」師笑之。師又令文遠代之，文遠云：「行者還是不取師語話。」

四五二　師問座主：「所習何業？」云：「講《維摩經》。」師云：「《維摩經》：『步步是道場』，座主在什麼處？」無對。師令全益代座主語，全益云：「只者一問，可識道場麼？」師云：「你身在道場裡，心在什麼處？速道取！」云：「和尚不是覓學人心。」師云：「是。」云：「只者一問一會，是什麼？」師云：「老僧不在心所裡，法過眼、耳、鼻、舌、身、意而知解。」云：「既不在心數裡，和尚爲什麼覔？」師云：「爲你道不得。」云：「法過眼、耳、鼻、舌、身、意而不解，作麼生道不得？」師云：「吃我涕唾。」

四五三　師問僧：「你曾看《法華經》麼？」云：「曾看。」師云：「經中道：『衲衣在空閑，假名阿練若，誑惑世間人。』你作麼生會？」僧擬禮拜。師云：「你披衲衣來否？」云：「披來。」師云：「莫惑我。」云：「如何得不惑去？」師云：「自作活計，莫取老僧語。」

四五四　師問座主：「所習何業？」云：「講《維摩經》。」師云：「那箇是維摩祖父？」云：「某甲是。」師云：「爲什麼卻爲兒孫傳語？」無對。

四五五　師一日上堂。僧才出禮拜，師乃合掌珍重。又一日僧禮拜。師云：「好好問。」云：「如何是禪？」師云：「今日天陰，不答話。」

四五六　問新到：「從何方來？」云：「無方面來。」師乃轉背。僧將坐具，隨師轉。師云：「大好無方面。」

四五七　問新到：「從什麼處來？」云：「南方來。」師云：「三千里外逢莫戲！」云：「不曾。」師云：「摘楊花，摘楊花。」

四五八　豐干到五台山下，見一老人。干云：「莫是文殊也無？」老人云：「不可有二文殊也！」干便禮拜，老人不見。

有僧舉似師，師云：「豐干只具一隻眼。」師乃令文遠作老人，我作豐干。師云：「莫是文殊也無？」遠云：「豈有二文殊也！」師云：「文殊，文殊。」

四五九 師問二新到：「上座曾到此間否？」云：「不曾到。」師云：「吃茶去！」又問那一人：「曾到此間否？」云：「曾到。」師云：「吃茶去！」院主問：「和尙！不曾到，教伊吃茶去，即且致；曾到，爲什麼教伊吃茶去？」師云：「院主。」院主應諾。師云：「吃茶去！」

四六〇 師到雲居，雲居云：「老老大大，何不覔箇住處？」師云：「什麼處住得？」雲居云：「前面有古寺基。」師云：「與麼即和尙自住取。」

四六一　師又到茱萸，茱萸云：「老老大大，何不覓箇住處去？」師云：「什麼處住得？」茱萸云：「老老大大，住處也不識！」師云：「三十年弄馬騎，今日卻被驢撲。」

四六二　師又到茱萸方丈，上下觀瞻，茱萸云：「平地吃交作什麼？」師云：「只爲心粗。」

四六三　師一日將拄杖，上茱萸法堂上，東西來去，萸云：「作什麼？」師云：「探水！」萸云：「我者裡一滴也無，探箇什麼？」師將杖子倚壁，便下去。

四六四　臺山路上有一婆子，要問僧。僧問：「臺山路，向什麼處去？」云：「驀直去！」僧才行，婆云：「又與麼去也！」師聞後，便去問：「臺山路，向什麼處去？」云：「驀直去！」師才行，婆云：「又與麼去也！」師便歸，舉似大衆云：「婆子今日被老僧勘破了也。」

四六五、師見僧來，挾火示之，云：「會麼？」僧云：「不會。」師云：「你不得喚作火，老僧道了也。」師挾起火云：「會麼？」云：「不會。」師卻云：「此去舒州有投子山和尚，你去禮拜問取；因緣相契，不用更來；不相契，卻來。」其僧便去，才到投子和尚處，投子乃問：「近離什麼處？」云：「離趙州，特來禮拜和尚！」投子云：「趙州老人有何言句？」僧乃具舉前話。投子乃下禪牀，行三五步，卻坐云：「會麼？」僧云：「不會！」投子云：「你歸舉似趙州。」其僧卻歸，舉似師，師云：「還會麼？」云：「未會。」師云：「也不教多也。」

四六六　洞山問僧：「什麼處來？」云：「掌鞋來。」山云：「自解依他？」云：「依他。」山云：「他還指闍梨也無？」無對。師代云：「若允即不違。」

四六七　普化吃生菜，臨濟見云：「普化大似一頭驢。」普化便作驢啼。臨濟便休去。普化云：「臨濟小廝兒，只具一隻眼。」師代云：「但與本分草料。」

四六八　保壽問胡釘鉸：「莫便是胡釘鉸否？」云：「不敢。」保云：「還釘得虛空麼？」云：「請打破虛空來！」保壽便打，卻云：「他後有多口阿師，與你點破在。」胡釘鉸後舉似師，師云：「你因什麼被他打？」云：「不知過在什麼處？」師云：「只者一縫，上不奈何，更教他打破！」釘鉸便會。師又云：「且釘者一縫。」

四六九　師因行路次，見一婆子問：「和尚住什麼處？」師云：「趙州東院西。」師舉向僧云：「你道使那箇西字？」一僧云：「東西字。」一僧云：「依棲字。」師云「你兩人總作得鹽鐵判官。」

四七〇　師與侍郎遊園，見兎走過，侍郎問：「和尚是大善知識，兎子見爲什麼走？」師云：「老僧好殺。」

四七一　師因見僧掃地次，遂問：「與麼掃，還得淨潔也無？」云：「轉掃較多。」師云：「豈無撥塵者也？」云：「誰是撥塵者？」師云：「會麼？」云：「不會。」師云：「問取雲居去。」其僧乃去，問雲居：「如何是撥塵者？」雲居云：「者瞎漢。」

四七二　師問僧：「你在此間多少時也？」云：「七八年。」師云：「還見老僧麼？」云：「見。」師云：「我作一頭驢，你作麼生見？」云：「入法界見。」師云：「我將爲你有此一著，枉吃了如許多飯！」僧云：「請和尚道。」師云：「因什麼不道：『向草料裡見！』」

四七三　師問菜頭：「今日吃生菜熟菜？」菜頭提起一莖菜，師云：「知恩者少，負恩者多。」

四七四　有俗行者到院燒香，師問僧：「伊在那裡燒香禮拜，我又共你在者裡語話，正與麼時，生在那頭？」僧云：「和尚是什麼？」師云：「與麼即在那頭也。」云：「與麼已是先也。」師笑之。

四七五　師與小師文遠論義，不得占勝。占勝者輸餬餅。師云：「我是一頭驢！」遠云：「我是驢紂。」師云：「我是驢糞。」遠云：「我是糞中蟲。」師云：「你在彼中作麼？」遠云：「我在彼中過夏。」師云：「把將餬餅來。」

四七六　師因入內回，路上見一幢子無一截，僧問云：「幢子一截，上天去也，入地去也？」師云：「也不上天，也不入地。」云：「向什麼處去？」師云：「撲落也。」

四七七　師坐次，一僧才出禮拜，師云：「珍重。」僧伸問次，師云：「又是也。」

四七八　師因在簷前立，見燕子語，師云：「者燕子喃喃地，招人言語。」僧問：「未審他還甘也無？」師云：「依稀似曲才堪聽，又被風吹別調中。」

四七九　有僧辭去，師云：「什麼處去？」云：「閩中去。」師云：「閩中大有兵馬，你須迴避。」云：「向什麼處迴避？」師云：「恰好。」

四八〇　有僧上參次，見師衲衣蓋頭坐次，僧便退。師云：「闍梨莫道老僧不祇對。」

四八一　師問僧：「從什麼處來？」云：「南方來。」師云：「共什麼人為伴？」云：「水牯牛。」師云：「好箇師僧，因什麼與畜生。」云：「爭肯。」師云：「不肯且從，還我伴來。」

四八二　師問僧：「堂中還有祖師也無？」云：「有。」師云：「喚來與老僧洗脚。」

四八三　堂中有二僧，相推不肯作第一座，主事白和尚，師云：「總叫他作第二座。」云：「教誰作第一座。」師云：「裝香著。」云：「裝香了也。」師云：「戒香、定香。」

四八四　師問僧：「離什麼處？」云：「離京中。」師云：「你還從潼關過麼？」云：「不歷。」師云：「今日捉得者販私鹽漢。」

四八五　因送亡僧，師云：「只是一箇死人，得無量人送。」又云：「許多死漢，送一箇生漢。」時有僧問：「是心生，是身生？」師云：「身心俱不生。」云：「者箇作什麼？」師云：「死漢。」

四八六　有僧見貓兒，問云：「某甲喚作貓兒，未審和尚喚作什麼？」師云：「是你喚作貓兒。」

四八七　因鎮州大王來訪師，侍者來報師，云：「大王來。」師云：「大王萬福。」侍者云：「未在，方到三門下。」師云：「又道大王來也。」

四八八　因上東司召文遠，文遠應諾。師云：「東司上，不可與你說佛法也。」

四八九　因在殿上過，乃喚侍者，侍者應諾。師云：「好一殿功德。」侍者無對。

四九〇　師因到臨濟，方始洗脚，臨濟便問：「如何是祖師西來意？」師云：「正値洗脚。」臨濟乃近前側聆，師云：「若會便會，若不會更莫啗啄，作麼？」臨濟拂袖去，師云：「三十年行脚，今日爲人錯下注脚。」

四九一　師因到天台國清寺，見寒山、拾得，師云：「久響寒山、拾得，到來只見兩頭水牯牛。」寒山、拾得便作牛鬥，師云：「叱叱！」寒山、拾得咬齒相看，師便歸堂。二人來堂內，問師：「適來因緣作麼生？」師乃呵呵大笑。

四九二　一日，二人問師：「什麼處去來？」師云：「禮拜五百尊者。」二人云：「五百頭水牯牛聻，尊者。」師云：「爲什麼作五百頭水牯牛去？」山云：「蒼天蒼天！」師呵呵大笑。

四九三　師行脚時，見二庵主。一人作丫角童。師問訊，二人殊不顧。來日早晨，丫角童將一鐺飯來，放地上，分作三分。庵主將席子近前坐。丫角童亦將席近前，相對坐，亦不喚師。師乃亦將席子近前坐。丫童目顧於師，庵主云：「莫言侵早起，更有夜行人。」師云：「何不教詔這行者？」庵主云：「他是人家男女。」師云：「洎合放過。」丫童便起，顧視庵主，云：「多口作麼？」丫童從此入山不見。

四九四　師因看經次，沙彌文遠入來，師乃將經側示之。沙彌乃出去。師隨後把住，云：「速道！速道！」文遠云：「阿彌陀佛！阿彌陀佛！」師便歸方丈。

四九五　因沙彌童行參，師向侍者道：「教伊去。」侍者向行者道：「和尚教去。」師云：「沙彌童行得入門，侍者在門外。」

四九六　師行脚時，到一尊宿院，才入門相見，便云：「有麼？有麼？」尊宿竪起拳頭，師云：「水淺船難泊。」便出去。又到一院，見尊宿，便云：「有麼？有麼？」尊宿竪起拳頭，師云：「能縱能奪，能取能撮。」禮拜便出去。

四九七　師一日拈數珠，問新羅長老：「彼中還有者箇也無？」云：「有。」師云：「何似者箇？」云：「不似者箇。」師云：「既有，為什麼不似？」無語。師自代云：「不見道新羅、大唐。」

四九八　問新到：「什麼處來？」云：「南方來！」師竪起指，云：「會麼？」云：「不會。」師云：「動止萬福。不會？」

四九九　師行脚時，問大慈：「般若以何爲體？」慈云：「般若以何爲體？」師便呵呵大笑而出。大慈來日見師掃地次，問：「般若以何爲體？」師放下掃帚，呵呵大笑而去。大慈便歸方丈。

五〇〇　師到百丈，百丈問：「從什麼處來？」云：「南泉來。」百丈云：「南泉有何言句示人？」師云：「有時道：『未得之人亦須峭然去。』」百丈叱之。師容愕然。百丈云：「大好峭然。」師便作舞而出。

五〇一　師到投子處，對坐齋。投子將蒸餅與師吃。師云：「不吃。」不久下餬餅，投子教沙彌度與師。師接得餅，卻禮沙彌三拜。投子默然。

五〇二　因僧寫師眞呈師，師云：「若似老僧，即打殺我；若不似，即燒卻。」

五〇三　師因與文遠行次，乃以手指一片地，云：「這裡好造一箇巡鋪子。」文遠便去彼中立，云：「把將公驗來。」師便打一摑。遠云：「公驗分明過。」

五〇四　師問新到：「近離甚處？」云：「臺山。」師云：「還見文殊也無？」僧展手。師云：「展手頗多，文殊誰睹？」云：「只守氣急殺人。」師云：「不睹雲中雁，焉知沙塞寒。」

五〇五　問：「遠遠投師，請師一接。」師云：「孫賓門下，因什麼鑽龜？」僧拂袖出去。師云：「將爲當榮，折他雙足。」

五〇六　師與首座看石橋，乃問首座：「是什麼人造？」云：「李膺造。」師云：「造時向什麼處下手？」無對。師云：「尋常說石橋，問著下手處也不知。」

五〇七　有新羅院主請師齋，師到門首，問：「此是什麼院？」云：「新羅院。」師云：「我與你隔海。」

五〇八　問僧：「什麼處來？」云：「雲居來。」師云：「雲居有什麼言句？」云：「有僧問：『靈羊掛角時如何？』雲居云：『六六三十六。』」師云：「雲居師兄由在。」僧卻問：「未審和尙尊意如何？」師云：「九九八十一。」

五〇九　有一婆子日晚入院來，師云：「作什麼？」婆云：「寄宿。」師云：「者裡是什麼所在？」婆呵呵大笑而去。

五一〇　師出外，逢見一個婆子提一箇籃子，師便問：「什麼處去？」云：「偷趙州笋去。」師云：「忽見趙州，又作麼生？」婆子近前，打一掌。

五一一　師因見院主送生飯，鴉子見便總飛去，師云：「鴉子見你爲什麼卻飛去？」院主云：「怕專甲。」師云：「是什麼語話？」師代云：「爲某甲有殺心在。」

五一二　師問僧：「什麼處來？」云：「江西來。」師云：「趙州著在什麼處？」僧無對。

五一三　師從殿上過，見一僧禮拜。師打一棒，云：「禮拜也是好事。」師云：「好事不如無。」

五一四　師因參潼關，潼關問師云：「你還知有潼關麼？」師云：「知有潼關。」云：「有公驗者即得過，無公驗者不得過。」師云：「忽遇鑾駕來時如何？」關云：「也須檢點過。」云：「你要造反。」

五一五　師到寶壽，寶壽見師來，遂乃背面而坐。師便展坐具。寶壽起立，師便出去。

五一六　師在南泉時，泉牽一頭水牯牛，入僧堂內，巡堂而轉。首座乃向牛背上三拍，泉便休去。師後將一束草安首座面前，首座無對。

五一七　有秀才見師，乃贊嘆師云：「和尚是古佛。」師云：「秀才是新如來。」

五一八 有僧問：「如何是涅槃？」師云：「我耳重。」僧再問，師云：「我不害耳聾。」乃有頌：

騰騰大道者，對面涅槃門；但坐念無際，來年春又春。

五一九 有僧問：「生死二路是同是別？」師乃有頌：

道人問生死，生死若爲論？
雙林一池水，朗月耀乾坤。
喚他句上識，此是弄精魂。
欲會箇生死，顛人說夢春。

五二〇 有僧問：「諸佛有難，火焰裡藏身；和尚有難，向什麼處藏身？」師乃有頌：

渠說佛有難，我說渠有災。
但看我避難，何處有相隨。
有無不是說，去來非去來。
爲你說難法，對面識得來。

五二一　見起塔，乃有頌：
本自圓成，何勞疊石。
名邈雕鐫，與吾懸隔。
若人借問，終不指畫。

五二二　因見諸方見解異途，乃有頌呵：
趙州南，石橋北，觀音院裡有彌勒。祖師遺下一隻履，直至如今見不得。

五二三　因魚鼓有頌：

四大猶來造化功，有聲全貴裡頭空。

莫怪不與凡夫說，只為宮商調不同。

五二四　因蓮花有頌：

奇異根苗帶雪鮮，不知何代別西天。

淤泥深淺人不識，出水方知是白蓮。

五二五　十二時歌

鷄鳴丑，愁見起來還漏短。裙子褊衫箇也無，袈裟形相些些有。裩無腰，袴無口，頭上青灰三五斗。比望修行利濟人，誰知變作不唧溜。

平旦寅，荒村破院實難論。解齋粥米全無粒，空對閑窗與隙塵。唯雀噪，勿人親，獨坐時聞落葉頻。誰道出家憎愛斷，思量不覺淚沾巾。
日出卯，清淨卻翻爲煩惱。有爲功德被塵幔，無限田地未曾掃。攢眉多，稱心少。叵耐東村黑黃老。供利不曾將得來，放驢吃我堂前草。
食時辰，烟火徒勞望四鄰。饅頭䭔子前年別，今日思量空咽津。持念少，嗟嘆頻，一百家中無善人。來者只道覓茶吃，不得茶嗹去又嗔。
禺中巳，削髮誰知到如此。無端被請作村僧，屈辱飢悽受欲死。胡張三，黑李四，恭敬不曾生些子。適來忽爾到門頭，唯道借茶兼借紙。
日南午，茶飯輪還無定度。行卻南家到北家，果至北家不推注。苦沙鹽，大麥醋，蜀黍米飯虀萵苣。唯稱供養不等閒：和尚道心須堅固。
日昳未，者回不踐光陰地。曾聞一飽忘百飢，今日老僧身便是。不習禪，不論義，鋪箇破席日裡睡。想料上方兜率天，也無如此日炙背。

晡時申，也有燒香禮拜。五箇老婆三箇癭，一雙面子黑皴皴。油麻茶，實是珍，金剛不用苦張筋，願我來年蠶麥熟，羅睺羅兒與一文。

日入酉，除卻荒涼更何守。雲水高流定委無，歷寺沙彌鎮長有。出格言，不到口，枉續牟尼子孫後。一條拄杖楖栗，不但登山兼打狗。

黃昏戌，獨坐一間空暗室。陽焰燈光永不逢，眼前純是金州漆。鍾不聞，虛度日，唯聞老鼠鬧啾唧，憑何更得有心情，思量念箇波羅蜜。

人定亥，門前明月誰人愛。向裡唯愁臥去時，勿箇衣裳著甚蓋。劉維那，趙五戒，口頭說善甚奇怪。任你山僧囊罄空，問著都緣總不會。

半夜子，心境何曾得暫止。思量天下出家人，似我住持能有幾。土榻牀，破蘧篨，老楡木枕全無被。尊像不燒安息香，灰裡唯聞牛糞氣。

附錄

重修柏林寺大慈殿記

明・李時陽

趙州柏林寺，畿內名刹也。創於漢末，歷晉、隋、唐間，悉為觀音院；南宋時為永安院；金、元間為柏林禪院；迨我朝遂更茲名，而州之僧正司設焉。歷代以來，中間雖恆有廢墜，大率以得人則興。在五季時有眞際屆而寓之，化行燕趙，海內有古佛道場之稱。在宋有歸雲老人，嗣而恢之，洪拓基產而興水磑碾以資裕常儲。在元有圓明月溪又從而廣之，於是有大殿、側殿、法堂、廚庫，規制井井，宏且備矣。至成化末年，有道源長老善行，而毗盧殿宇遂成，復增輝焉。正德丙子，僧海聰欲創閣於寺前；嘉靖辛卯，海寧欲增閣於寺後，俱隨起隨廢，因貽像暴於風日者，幾十五年餘。

丁未歲，魯峰本儒，慨然興志增建。詣文岡子議曰：「師僧暴露良久，心殊不忍，我輩碌碌，弗能樹功業於石，心實愧之。歸云、月溪果何如人，顧不可以企及耶？」文岡子曰：「天下事成於有志而已；人之志遂於無私而已。魯峰素守百丈之規，而且恆永石霜之節，果執是以往，其遂志成事也必矣。」魯峰遂疏募振鐸於郡，余首捐金以助。境內素諒魯峰之清戒，其願施資財者累累皇皇，惟恐或後。因集木於滹沱，取石於臨城，延工師於鎮陽，設陶冶於東圃，築基量地，度木制材，架圍凡若干丈，高起凡若干尺，柱石堅壯，梁棟渾隆，榱題錦瓦，文質偕中，重檐陡峻崚嶒，勢懸霄漢，巍然爲一群大觀也。乃拔精巧繪塑，中設大慈之像。環山盡肖水陸諸神，涂飾丹青赭堊，金碧輝煌，威儀莊嚴，而千狀萬態，絢爛曲盡其妙矣。森然使瞻仰者油然生悟，勃然起敬，種種諸惡而潛歸於善，不能無益於世敎，眞如來法戒也。擬諸前作，工費或相倍徙，而魯峰心力運籌，暨弟子了眞奔走勞瘁，有不能罄跡之者。

凡閱三載有奇，而魯峰礱石丐記於予，永垂不朽。余當始議時已預諾其請矣，且深羡魯峰一介釋子，建此偉績，而秋毫無犯，厥志允酬。是冬，適釋官南歸，以握教印，梵音釋律，比丘濟濟，而遠附近宗，有以得樽俎之師，而增藩籬之固，其於爾教增光也。竊嘆我輩目睹先師之宮，日就傾頹，未能奮然興志而新之，似猶有愧魯峰者。因記而并及之，庶因以自勵於將來云。

趙州古佛堂記

元・王翊

趙州古佛，世推尊眞際大師之殊號也。師諱從諗，俗出曹州郝鄉之郝氏。根生穎利，覺照圓瑩，幼披剃於州扈通院。浸長，聞南泉道價，隆冠當代，以所業未信，遂謁諸池陽，一話之頃，大見異器，而有付受之喜，從而玄關秘鑰，叩謁相尋，忽豁然於平常心是道，自是周旋泛應，優入法域，而了無滯礙得失。因愍去古日遠，踵襲舛訛胥溺，鮮克自拔。將具慈航，燃慧炬，遍歷諸方，以拯導之。乃曰：「悼稚之童，勝我者師之，期頤之老，不及我者敎之。」又曰：「道在目前，人人具有。若辨肯心，佛祖不吾欺。」其諄諄提誨之意，類如此，茲難備述。適會昌有沙汰之制，略不自異，削跡岨峽之間，草衣木食，儀法愈峻。旣弛，復申前志。故所至知識，翕然歆慕景仰，至聞其語而不復答話者有之矣。逮乎壽嬴八秩，精力爽逸，殊無耄及之態。故行化自如，而或有老大不求定居之譏。夫大慈所運，固非衆能識也。後抵趙州之觀音院，方駐錫焉。亦名東院，即今之柏林也。蓋師嘗指柏樹子以曉學者。其後樹林日盛，及金源氏，以宋之永安觸諱，乃摭其遺意而命之。嘗謂緣法福地，自有默契而前定者，非師之英靈，余豈得而預知哉。不然周流海內，所覆形勝卓越之境亦多矣，奈何遽止於斯乎？由是世有趙州古佛道場之語。

時唐德下衰，藩鎮專橫，而法雨所霑，燕趙二王，竭蹉蒲伏，奉承聽法之不暇，而未始離座以迎送之，二王愈加敬信，所以讋其驕悍暴戾之氣者如此。謦欬之間福及生靈者可見矣，惜乎未經簡記也。居趙殆四十年，王鎔屢欲延至鎭府，輒稱疾不從。乾寧丁巳，乞之愈懇，方一造焉。鎔不勝慶幸，趣營寺以館之。師不許，曰：「動一莖草，當逕去矣。」鎔懼而止。有寶行軍，希廁布金之風而獻其園，因寓之。鎔跡其事以聞，璽書頒紫，而加眞際大師之號。遂表其園爲眞際禪院，而竇氏之名亦不泯焉。輿情莫不榮悅，而師殊不爲意。一日，忽謂其徒曰：「予且返眞矣。」果於其年之冬十一月十日，西向右脅而滅。得甲子七百，其季未詳，即答或問年臘之數也。

自師之歿，歷五季、宋、金已四百有餘歲矣，賴有眞在石刻，而無室以居之，住持者能不歉然歟？改元，嗣法圓明普照月溪大禪師朗公甫丕，構於法堂之右，既落成，攜衆來言曰：「某眞堂之願幸畢矣，將文諸石，以圖不朽。禪律中非無作者，特以術業有專攻，當以業文者爲之，是以敢此相諉。」牢讓重複，竟不獲已，乃略即其見諸《傳燈》、實錄等文者而書之，且謂之曰：「余非深於禪者也，何以恢揚師教？」然即其微言妙旨，布諸人寰，流及後世者而稽之，其稟賦之異，授受之正，造履之深，牖導之溥，於西來之意，無典吻合者，故身去教存，學者心悅誠服愈久而彰也。迄今十方之來瞻禮者門無虛日，而皈依無所，此公之黽勉從事而必起斯堂者也。若來者果有慕師之誠，期當求夫門風之遍覆大千，俾聞之者莫不悚敬，不出乎吾心本來之間，履斯堂而頓省者亦不敢誣，則斯堂之建，豈小補哉。如或未然，則徒費香火之勤，而朗公之意亦虛矣。是以並及之，以示來者云。

重建趙州禪師道場設立佛慈安養院緣起

郭元興

河北趙縣柏林寺，創建於東漢末年，古稱觀音院，乃唐代趙州眞際禪師從諗（七七八～八九七）駐錫傳禪之地。師爲六祖慧能之三傳，南岳、馬祖之嫡裔，得法於南泉普願，宏法於趙州觀音院垂四十載，道化大行，爲一方宗主，住世百二十年，人稱趙州古佛。南禪頓教之盛行北土，以師之功爲最。實應眞之大士，乘宏願而再來。所惜禪師開法之所，因年淹代遠而殿圮樓墟，今僅存古柏數株，默依塔影！近世禪風播揚中外，趙州道場世所共仰，重複舊觀，再振遺風，誠爲弘興禪教刻不容緩之大事也。

自六祖慧能倡佛法「不離世間覺」之宏旨，南泉普願標「平常心是道」之眞詮，大乘莊嚴國土、利樂有情之濟世思想深入人心，佛教與社會生活之結合日益密切，寺院舉辦之各種福利事業亦日見興盛。降及後世，斯制漸隳，迭經變亂，幾成絕響。今者法教重興，釋尊普濟人群之悲願，祖師利樂孤苦之良規，允宜繼絕興廢，發揚光大也。

同人等際茲盛世，深沐洪恩，念祖德之巍峨，嗟伽藍之頹廢，乃共發斯願，重建趙州禪師道場柏林寺，弘揚古德宗風；設立佛慈安養院，瞻養老病僧尼。藉以弘贊三寶，同報四恩。既攄微誠，如響斯應，首荷中國佛教協會助資提倡，復蒙美國佛性法師等海內外法門耆德、十方善信解囊贊助。祖剎重光，釋門有賴。維工程浩大，究非少力能支；莊嚴再現，端賴群賢共舉。是以仰乞諸山大德，十方善友，普發大心，隨喜樂助，成此大事因緣，以慰雲霓之望。祖庭有慶，功德無量。

事業目標

修復趙州從諗禪師塔。

重建普光明殿（大雄寶殿）、山門殿、回廊、問禪樓、禪堂、念佛堂、客堂、齋堂、僧房等。

重塑釋迦牟尼佛像、文殊等五大菩薩像等。購請《大藏經》及應用法物。

開辦趙州禪學研究所，培養僧伽人才，修學禪法，重振禪風。

設立佛慈安養院：計劃在大殿後修建四幢二層樓房，供養一百位七十歲左右的老年僧尼修行辦道，安度晚景。

施醫施藥：在條件成熟時擬向當地居民施醫施藥。

河北省佛教協會同人合掌
一九八八年五月十九日

趙州柏林禪寺普光明殿功德碑記

吳立民

人據地而名，地藉人而靈。趙州茶、趙州柏、趙州橋、趙州門、趙州關，不一而足，皆因趙州從諗大師而名聞天下者也。師得法於南泉普願，弘法於柏林寺垂四十載，道化大行，爲一方宗主，住世百二十年，謚號眞際禪師，人稱趙州古佛。大師圓融二世，平等如常，接引衆生，即物發凡，隨機施教，無掛無礙。蓋深契平常心是道之眞諦，了了本分大事而獨超物外者焉。故嘗示衆云：「老僧此間即以本分事接人。」其取譬也淺以近，其旨也深且遠。吃茶、洗鉢、救火、狗子無佛性、鎭州大蘿蔔，均教人在日常生活中悟道，有其入處、出處、用處、了處，還其各自有禪各自有道之平常心而已。所謂本分事，即衆生了生死之大事也。所謂平常心是道，即於生活中了生死，了生死於生活中，如實知自心也。本分之事就在腳下，平常之心即現當前，當相即道，即事而眞。故大師常說：「至道無難，唯嫌揀擇，道不遠人，只在目前。」會昌法難，師避居徂徠山間，岩棲澗汲，草衣木食，九死一生，人不堪其憂，而師不礙其自在也。晚歲，燕趙二王，競相歸敬，而師終未離禪牀迎送。將示寂，送拂子與趙王並傳語曰：「此是老僧一生用不盡底。」其一語一拂了人生死續佛慧命者不知凡幾。當其時也，天下參學聞風而至者行雲流水，柏林寺蔚然爲畿內名刹。其後，世出龍象，代有傳人。惜乎近世劫波屢興，變就迭起，狂禪泛流，野狐遍野，大師法教，不絕如縷，一代祖庭，亦瀕湮沒。惟千年古柏，默依塔影，猶參天倚地而一如往常招示行人。嗚呼！人能弘道，非道弘人，其奈人不弘道何？賴有大心菩薩、河北省佛教協會會長淨慧法師，紹隆三寶，嗣法心宗，仰大師之高德，感祖庭之廢墮，發宏誓願，重建道場。幸值改革開放，法緣殊勝，得國務院宗教事務局及中國佛教協會之資助，復荷美國正覺寺住持佛性法師捐助巨款，台灣耕耘禪學基金會、台灣十方禪林及海內外四衆教友喜捨淨財，首建普光明殿，以示法輪再轉，景行斯韌也。殿宇巍峙，佛像莊嚴，古柏老茶，青春煥發，芳草綠茵，青光琉璃，香采寶鐸，妙音極樂。俾經綸世務者，望殿而息心；修學禪淨者，禮佛即發省。茶醇缽淨，人境俱在，有緣無緣，均可依然受用趙州禪之三昧也。祖師有三轉語：「金佛不度爐，木佛不度火，泥佛不度水，眞佛內裡坐。」欲禮自性眞佛，須識自身平常心、本分事，以平常心做本分事，則心淨佛國淨，法昌世運昌矣。慧師深悟斯諦，繼而創建趙州禪學研究所及《禪》刊，以振祖師之玄風而光心宗之大法也。誠如現世維摩、中國佛教協會會長趙樸初大居士所贊嘆者：「拂子重豎起，人天作榜樣。」爰申贊曰：

本分平常，普光明藏。行住坐臥，何用不臧。

古佛新風，山高水長。碑紀三施，功德無量。

佛曆二五三六年歲次壬申中國佛教文化研究所所長　吳立民敬撰

趙州門風

劉連辰

趙州和尙，晚唐高僧，駐錫趙州觀音院（今趙縣柏林寺）四十年。化行燕趙，弘揚佛法，爲南禪頓敎盛行北土之先驅，堪稱一方宗主。後人尊爲「趙州古佛」，世稱「趙州和尙」。

趙州，諱從諗，姓郝氏，曹州郝鄉人。幼披剃於曹州扈通院。既長，慕南泉普願禪師道價隆冠當代，毅然赴池陽，謁南泉。時普願禪師偃臥禪牀，問從諗道：「近離甚處？」從諗答道：「瑞像院。」普願又問：「還見瑞像麼？」從諗答：「不見瑞像，只見臥如來。」普願便坐起問道：「汝是有主沙彌，無主沙彌？」從諗道：「有主沙彌。」普願說：「那箇是你主？」從諗近前躬身答道：「仲冬嚴寒，伏維和尙尊候萬福。」一話之頃，普願察知從諗「根性頴利，覺照圓瑩」。視爲異器，許其入室爲弟子。後從諗赴嵩岳琉璃壇受具足戒，仍返南泉，從普願學禪。

從諗在南泉，守戒苦修，禪理精進，從師悟玄，叩謁相尋，受普願兩次傳法之喜，遂豁然頓悟「平常心是道」之眞諦，通徹玄機，優入法域。

從諗悟道後，立志具慈航，燃慧炬，行化天下，普渡衆生，於是，周歷名山寶刹，參會大德尊者，探玄究理，傳禪弘法。從諗曾說：「悼稚之童，勝我者師之；期頤之老，不及我者教之。」其參學精神，彌足珍貴。

唐武宗會昌五年（八四五）朝廷下詔毀寺滅佛，勒令僧尼還俗，史稱「會昌法難」。此時，從諗隱跡徂徠山，草衣木食，儀法愈峻。會昌六年（八四六）五月唐宣宗即位。詔告天下，弘揚佛法。從諗遂出山復申前志。所到之處，僧俗仰慕，士庶景仰。年至八旬，體健身爽，無龍鐘之態。故行化自如，大有不求定居之意。及至趙州，應四衆懇請駐錫觀音院。

從諗在觀音院爲四衆說法云：「如明珠在掌，胡來胡現，漢來漢現。老僧把一枝草爲丈六金身用，把丈六金身爲一枝草用。佛是煩惱，煩惱是佛。」一僧問：「未審佛是誰家煩惱？」從諗答：「與一切人煩惱。」僧問：「如何免得？」從諗道：「用免作麼。」從皆悚然信伏。

從諗對祖師西來大意，每多即景發凡，多以趙州物事指示，以曉學者。從諗云：「石幢子被風吹折。」問道：「陀羅尼幢子作凡去，作聖去？」從諗答：「也不作凡，也不作聖。」問：「畢竟作什麼？」從諗曰：「落地去也。」

有僧問：「如何是祖師來意？」從諗答：「庭前柏樹子。」又道：「和尚莫將境示人。」從諗道：「我不將境示人。」又問：「如何是祖師西來意？」從諗道：「庭前柏樹子。」

人云：「久向趙州橋，到來只見略彴。」從諗道：「汝見略彴，且不見石橋。」又問：「如何是石橋？」從諗道：「度驢度馬。」又問：「如何是略彴？」從諗道：「個個度人。」後有如前問，從諗如前答，又一僧問：「如何是橋？」從諗道：「過來，過來。」

從諗問一僧道：「什麼處來？」僧答：「從南方來。」從諗又問：「還知有趙州關否？」僧答：「須知有不涉關者。」從諗道：「這販私鹽漢。」

從諗問一婆子：「甚麼處去？」婆子答：「偷趙州筍去。」從諗道：「忽遇趙州又作麼生？」婆便與一掌，從諗走去。

從諗問一新到和尚：「曾到此間否？」答曰：「曾到。」從諗道：「吃茶去。」又問僧，僧答：「不曾到。」從諗道：「吃茶去。」後來，院主問從諗：「爲什麼曾到也云吃茶去，不曾到也云吃茶去。」從諗喚院主，院主應諾。從諗道：「吃茶去。」

成德軍節度使王熔，世居鎮州（今河北正定）四世五帥，至熔封爲趙王。一日，至觀音院謁從諗，從諗坐鎮在禪牀上問熔：「大王會麼？」熔答：「不會。」從諗念道：「自小持齋身已老，見人無力下禪牀。」

王熔對從諗更加禮重。次日，又有眞定軍將來，從諗下牀接見。侍者問道：「和尚見大王來，不下禪牀。今日軍將來，爲什麼下禪牀？」從諗說：「非汝所知，一等人來，禪牀上接，中等人來，下禪牀接，末等人來，三門外接。」

僧問：「柏樹子還有佛性也無？」從諗說：「有。」又問：「幾時成佛？」從諗答：「待虛空落地時。」又問：「虛空幾時落地？」答：「待柏樹子成佛時。」

從諗在趙州觀音院所闡發的妙語機鋒，大率如上所錄。

從諗屬禪宗六祖慧能所傳之法系。慧能傳南岳懷讓，懷讓傳馬祖道一，道一傳南泉普願，普願傳趙州從諗，是爲南岳下三世法嗣。因其稟賦異，授受正，造履深，誘導溥，故其居觀音院弘法傳禪垂四十載，十方之來瞻禮問道者門無虛日。僧徒弟子遍及南北。其法嗣有洪州新興嚴陽尊者，揚州光孝慧覺禪師，婺州木陳從朗禪師、新建禪師，隴州國清院奉禪師，杭州多福和尚，益州西睦和尚。其爲徒衆授法之微言妙旨，初無沾滯，於西來大意，無不吻合。玄言布於天下，時謂「趙州門風」。曾作〈魚鼓偈〉曰：「四大由來造化功，有聲全貴裡頭空，莫嫌不與凡夫說，只爲宮商調不同。」

從諗居趙州四十年間，鎮州王鎔曾多次延請法駕至節鎮府，然每稱病不行。後乞求愈懇，從諗才於唐昭宗乾寧四年（八九七）一造鎮府。王鎔不勝慶幸，急欲營造寺院供養，從諗止之曰：「動一莖草，當即離去。」王鎔懼而遂止。從諗居於寶行軍之園。王鎔將從諗的功德言行上奏朝廷，皇帝即頒下詔書，加眞際大師之號，並賜紫袈裟。群情歡悅，而大師頗不爲意。一日，從諗對其徒曰：「吾將返眞矣！」果於乾寧四年冬十一月十日圓寂，住世一百二十歲。

元代，柏林禪院（原觀音院）住持魯雲法師請於朝，皇帝特賜趙州古佛眞際光祖國師之號，並於天曆三年（一三三〇）爲禪師建塔。清雍正十一年朝廷又加封爲圓證直指眞際禪師。元明兩代曾先後建古佛堂及大慈殿供奉眞際禪師寫眞刻石。刻石右上角題一偈云：「碧溪之月，清鏡中頭，我師我化，天下趙州。」下署「弟子趙王焚香拜贊」八字。

善哉！趙州和尚，身去教存，趙州門風，遍覆大千。

（原載《禪》一九九〇年第三期）

遊柏林寺

張文良

柏林寺在我的家鄉河北趙縣縣城。記得小時候，村外有座三十餘米高的鐵架塔。為求刺激，每每和小伙伴們偷偷地爬到高處向遠方眺望。華北大平原，視野是極開闊的，尤其在天氣晴朗的日子。往西望，在視野的極處，隱隱可見另一座塔影。那時只感覺那塔很美，只知道塔底下對我們充滿誘惑的縣城所在，其它就全然不知了。後來到縣城讀書，並住在塔下（那時還是學校），才知，這是柏林寺眞際禪師塔。雖離鄉多年，但那卓卓塔影卻深映心田，永難淡去。

柏林寺位於縣城東南，地勢似一孤島，從地面兀然凸出。離寺老遠，就望見那久違的塔影。人到舊地重遊，尤其到少年住過的地方，常有一切都變小、變短、變窄的印象。但那塔那寺的形象還是那麼巍峨，那麼高大，不，它們已變得更偉岸，更挺拔！我知道這不是視覺的原因。過去雖住這裡，但對這塔、這寺，不甚了了。原來此寺舊稱觀音院，創建於東漢末年，比聞名於世的趙州石橋還早三百餘年。隋唐時期，這裡曾是佛教著名道場。史載，玄奘法師在西行求法前，曾到此遊學，從道深法師習《成實論》。玄奘後來的業績，人們耳熟能詳，但柏林寺曾哺育過他，是他的精神故鄉之一，則知者不多。只這一段殊勝因緣，我想柏林寺完全可以傲然於世了。玄奘大師之後二百餘年，另一高僧行腳到此，並駐錫於斯，於此行化四十年，開一代禪風。其道德、道行，人天共仰，僧俗咸敬。塔爲他而建，寺因他而名，地藉他而靈。這就是趙州從諗禪師。「大唐國內無禪師，觀音院裡有彌勒」，其在禪林的地位可知。之後柏林寺世出龍象，代有傳人，門風遍覆大千。望著那熟悉的寺院，熟悉的塔影，恍然覺得，它們多像一位有著傲岸身軀、有著松柏氣節的老人，讓人倍感親切，讓人肅然起敬。

進了寺門，透過古柏森森的通道，遠遠望見佛陀端坐在大殿基座上，手結與願、施無畏印，無限慈祥地微笑著。那種慈祥我久已熟悉，但在家鄉故土睹斯慈容，使我這初嘗生活三昧的遊子油然而生別樣的情愫。我的血直往上湧，眼睛也潮濕了。急急走上前去，恭敬地施禮。拜，再拜……。

佛像是一九九〇年冬天才奉安於此的。佛像是用整塊漢白玉雕刻而成，高三米，重十噸。聽說一九九一年佛成道日那一天，僧俗數千人舉行法會，隨喜共慶。佛像亦前後左右自動搖擺，歷時數小時，信衆莫不嘆爲稀有。昭昭瑞應，轟動古城。在那不堪回和的歲月裡，這千年古道場除古柏和磚塔外，一切建築皆毀，只留下殘石、斷碑和一堆瓦礫。現今柏林寺已落實了管理體制，開放爲佛教活動場所，常住僧衆十餘人。大殿正在加緊修建，古柏重又返青，古塔再現金輝。見此道場劫後復興，佛視能不笑慰？

從大殿下來，來到趙州眞際禪師塔前。塔共七層，高三十三米，在古柏襯托下，顯得巍峨而莊嚴。因久經風吹雨淋，塔身通體透出滄桑之氣。對禪師心儀久矣！見塔思人，思緒萬千。趙州（地）、「趙州」（僧），趙州因了「趙州」而四海皆知；「趙州」因了趙州而名垂千古！趙州禪師其實並非趙州人。史載，大師生於山東曹州，早年從南泉普願修學，以「平常心是道」得悟。後遍遊天下，學無常師，惟道是依。年八十猶行脚不止。其禪風自然活潑。元無滯礙，隨機施教，即物發凡，極富生機和情趣。嘗有人問：「如何是古佛心？」答曰：「汝今是甚麼心？」僧曰：「我今無心。」趙州曰：「汝旣無心，諸佛豈有心哉？」又有僧問：「如何是道？」答曰：「門外的。」僧曰：「不問者箇道。」曰：「更問何道？」曰：「問大道。」曰：「大道透長安。」其意是讓人領悟，道非玄非遠，即心是道，即事即物是道，平常心是道。大師就是如此心常湛然，應用自在。其化人接衆之語看似平淡，但皆從自性中流出，殊不見斧鑿痕。若非見道分明，臻入化境，焉能至此？

「鐺、鐺、鐺、鐺、鐺……」塔上的風鈴在響。

我依稀覺得這塔在訴說著什麼。故人往矣，一切皆成陳跡，而禪師的流風遺韻足繫人思，足發人省。身去而教存，人至此，亦可稱爲不朽。然其生前身後的寂寞幾人識得？大師幾十年精勤求道傳法，才樹立了自己在禪林中的地位，但在柏林寺的生活絲毫談不上優遊閒適。其住也，「土塌床，破蘆席，老榆木枕全無被。」其食也，「苦沙鹽，大麥醋，蜀黍米飯黑莴苣。」有詩自況：「削髮誰知到如此，無端被請作村僧，屈辱飢凄受欲死。胡張三、黑李四，恭敬不曾生些子，適來忽爾到門頭，唯道借茶兼借紙。」其生活的艱難困頓若是。難怪大師自嘆：「思量天下出家人，似我住持能有幾？」但就是在這樣不堪的境況下，大師猶安貧樂道，精進不息。若無似海悲心，奚能若是？有崔郎中問：「大善知識還入地獄也無？」師云：「老僧末上入。」崔云：「既是大善知識，爲什麼入地獄？」師云：「老僧若不入，阿誰教化汝？」知始，我總不解，大師出言緣何如此冷硬？仔細想來，一個位尊爵顯，逍遙自在，只爲消遣或「獵奇」而「惠顧」寒寺，一個高超出世而生活困頓不堪。對不恭敬的問話，禪師尚能何言？我明白了，禪師是以一顆高貴的心睨視俗世的富貴，以無比的精神力量抗御著外力的侵擾。但在這笑傲天下的豪情裡，又有幾多蒼涼與無奈？「誰道出家憎愛斷，思量不覺淚沾巾。」大師豈爲一人哀耶？

禪師最後的歲月裡，燕、趙二王競相歸敬供養。大師每每避而不見。唐昭宗乾寧四年（八九七）趙王李熔堅請，師方離寺。趙王不勝慶幸，催著蓋座寺院給他住下來。大師聽說，絕然道：「動一莖草，逕去矣。」趙王見師態度堅決，只好停工。趙王將禪師的事跡報告朝廷，朝廷特賜眞際大師之號，並頒紫衣。周圍的人莫不榮悅，唯大師殊不爲意，紫袈裟一次都未穿過。「不以物喜，不以己悲」，大師之聲播宇內，除其禪風禪骨，不亦由此松柏氣節，水月精神麼？

平棘蒼蒼，交河茫茫，禪師之風，山高水長！

走向塔旁的一棵棵古柏，斑白的樹皮，虬曲的枝幹，光禿的樹冠，柏樹老矣！想到這些古柏曾陪伴過大師，爲其擋風，爲其遮日，就不禁生起濃濃敬意。柏樹當不會忘記，學人來問禪，大師直以「吃茶去」相告，從此禪林竟傳「如如禪語趙州茶」。柏樹更不會忘記，有僧問，「什麼是祖師西來意？」師悠然指門外，「庭前柏樹子」。從此趙州柏樹聞名天下。觀音院南宋時稱永安院，到金朝，因「永」字犯了金帝完顏永濟的諱，於是採摭大師藉柏示禪之遺意，改名柏林寺，並一直沿用下來。時至今日，這些柏樹歷經劫難，存活下來，又見佛日重輝，法輪再轉，成為歷史的活見證。大師於柏林，豈非有深意存焉？

迎面碰到兩位中學生，交談起來便問：「知道這塔是為誰修的嗎？」「不知道。」「知道這柏樹的故事嗎？」又是搖頭。我黯然。「但我們走進寺裡就感到清新，感到放鬆，可以從學校緊張的生活中得到片刻的解脫。」「好！」我脫口而出。道不遠人，會心即得。大師一生行化，盡在破除從人的迷執，讓人於日常生活中體會美，體味禪。禪既得，一切可捨，名相可捨，言教可捨，師亦可捨！禪師施教，如人以手指月示人，人應因指而見月，不可觀指以為月。同樣，大師以茶示禪，以柏示禪，安能認「茶」、「柏」爲禪哉？不知道「趙州茶」不要緊，不知道「庭前柏樹子」不要緊，甚至不知道趙州禪師也不要緊，緊要處是識得本心，保持一顆平常心！

「無盡鄉情飄渺，意態難從容。」再撫摸一下粗壯的柏樹，再看一眼心中的塔，再向佛祖合十致禮，心裡陡然覺得充實了許多，從容了許多。

附記：筆者從家鄉回京，拜謁了河北省佛教協會會長、柏林寺修復委員會主任淨慧法師。法師動情地向我談起初到柏林寺，目睹殘碑斷垣、蔓草荒煙的淒涼景象時的心酸，談起重興祖師道場的宏願，談起各地信衆喜捨淨財的善舉，也談起時下資金不足、左支右絀的困境。時至今日，佛像仍在風雨中安奉，許多工程不能動工，難怪法師焦急的心情溢於言表。其實聞聽此情此景。那一位虔誠的佛弟子能不愴然傷懷？所可慰者，大殿工程在加緊施工，法師表示，無論有多少困難，也要在一九九二年初秋將大殿建成，使佛像早日安奉殿中。精誠所至，有願必成。

（原載《禪刊一九九二年第二期）

一輪明月映天心——從諗和南泉

張文良

提到趙州禪師，學人大都知道禪宗史上一著名公案：據史載，有兩個人去參訪趙州，州問一人：「曾到此間否？」答：「曾到。」州：「吃茶去！」又問一人：「曾到此間否？」答：「不曾到。」州：「吃茶去！」院主見了奇怪，問趙州：「為什麼曾到、不曾到都吃茶去？」州：「院主！」院主：「有！」州：「吃茶去！」這就是禪林盛傳的「趙州茶」典故的由來。這一公案充分顯示了趙州禪師導引衆生的機鋒作略，將禪之為禪的活潑潑、無滯無礙的性格表露無遺。當時，與「趙州茶」同樣著名的還有所謂「德山棒、臨濟喝、雲門餅」。就是通過這些「棒、喝、茶、餅」先代宗師隨機施教，以方便接引衆生破迷開悟，使禪風遍播宇內。但禪作為生命之學，重在自證自悟，故黃檗有言：「大唐國內無禪師！」在某種意義上，禪不可說，無口便錯，「說似一物即不中」。對禪的體驗是不能像知識那樣在師生間授受的，由此可以說只有禪，而無師。然善言者，言人所不能；善跡者，跡人所不能跡。趙州禪師幾十年執法修行，艱苦倍嘗，證得圓滿；又幾十年住持弘法，隨機應化，大闡一音，斷諸見之稠林，截萬端之穿鑿，自覺覺他，廣弘萬品。趙州，豈非善言者乎？正所謂「大唐國內無禪師，觀音院裡有彌勒！」

初見南泉慨然迎納

趙州從諗，俗姓郝氏，本曹州（今山東曹縣）郝鄉人。因晚年久居趙州觀音院，故時人多以趙州相稱。生於唐大曆十三年（七七八）。他生來「根性穎利，覺照圓瑩。」自幼在曹州扈通院出家，隨師受業。及長，聞南泉普願才德冠於當代，於是隨師行脚到池陽（今安徽貴池）參訪。普願，俗姓王，自稱「王老師」，曾受業於懷讓，於馬祖道一處得法。苦節篤勵，勤勉奮發。貞元十一年（七九五）於池陽南泉山建禪宇，三十餘年，未曾下山。太和初年（八二七～八三五）應衆請出山，學德雲集，法道大揚。從諗或即在此時前來問法。他們的初次會面就非同尋常。據說，當時其本師先入方丈謁見，之後從諗才入內。南泉正在裡面偃息，見其來參，便問：「近從何處來？」「瑞像院。」又問：「還見瑞像否？」「瑞像不見，但見臥如來。」南泉聞聽，隨即坐起，問：「你是有主沙彌，無主沙彌？」「有主沙彌。」問：「那箇是你主？」從諗恭敬地回答：「早春猶寒，伏祝和尙尊體安康，起居萬福。」南泉見此沙彌彬彬有禮、謙謙自牧，機敏睿智，是大乘根器，遂慨然迎納。從此南泉與從諗相互砥礪，相互切磋，教學相長，結下了殊勝的法緣，後人譽爲「龍虎之會」。

即境發凡　隨宜施教

南泉接衆，機鋒峻峭，言句凜冽，雖無德山棒之酷烈，臨濟喝之迅厲，然亦有痛下針錐、敲骨取髓之效。嘗示衆云：「三世諸佛不知有，狸奴白牯卻知有。」意在破除衆人對諸佛的妄求妄執。其開導從諗，亦機變無方，有縱有奪，舒卷自如。從諗曾問：「離四句，絕百非，請師道。」泉便下座歸方丈。「離四句，絕百非」，即棄絕言語分別，截斷通常的思維知見，這被認為是悟道的前提。南泉拒絕作答，是暗示從諗，這裡不是用功處，不要在言句上兜圈子，不要在義理上生執著。可惜從諗未察此意，「這老漢尋常口吧吧地，今日被我一問，直得無言可對。」從諗又曾問：「道非物外，物外非道，如何是物外道？」泉便打。諗捉住棒曰：「已後莫錯打人。」泉曰：「龍蛇易辨，衲難瞞。」物外非道，法外無理，一切法之當處自具絕對眞實之理，此外別無他理，別無他道。從諗識得此語，不會其意，仍固執地問取物外道，恰如為龍無角、為蛇添足，遭南泉當頭棒喝，也屬自然。後人評南泉「有陷虎之機，有殺虎之威，與之對機，誠實苦哉。」其言不謬。

南泉對從諗並非一味喝責、棒擊，更多的是即境發凡，隨宜施教，引導他袪除心中的迷霧，徹悟生命的眞實，這中間浸透著一代宗師的似海悲心。一次僧衆都在摘菜，從諗在伙房作爐頭。突然，從諗在僧堂裡大叫「救火！救火！」等大衆到僧堂前，他卻關卻堂門。僧衆相對愕然。南泉不動聲色，從窗口把鑰匙投入堂內，從諗於是開門。佛教稱「三界無安，猶如火宅」，諗關卻堂門，大喊救火，暗示身處火宅，無門可出，實指望南泉能借機予以開示，不料南泉一語不發，只把鑰匙給他。自開自門，自證自道，自啓自心，別人是救不了你的，唯有自救。還有一次，從諗在井樓上打水，見南泉走來，便抱住井樓柱，身子懸空，朝南泉喊：「相救！相救！」南泉便上扶梯，苦無其事地說：「一、二、三、四、五。」從諗過會兒卻去禮謝南泉，「謝和尚相救。」其實和尚未曾授手，也未曾搭梯，何言相救？不過向他指出一條解脫之路罷了，此即反求諸己，開發自家寶藏。在南泉的循循誘導下，從諗的靈機逐漸萌動，將向外覓求的視線轉向自身，主體意識開始覺醒。次從諗問南泉：「異即不問，如何是類？」泉以兩手托地。「異」即千差萬別的物相，亦即個別；「類」即具有相同性質的事物的集合，亦即一般。在這裡，從諗以「異、類」特指「物」與「道」。南泉佯裝不解，以兩手托地，表示「累」（與「類」同音），實際是對從諗所問的否定。那曾想，從諗一脚踏去，泉倒地。諗回涅槃堂內還叫：「悔！悔！」泉聽說後，遣人問：「悔什麼？」諗云：「悔不給他兩脚！」從諗這種態度與他初入叢林謁見南泉寺的態度，成天壤之別。但奇怪的是，南泉對弟子的「過激言行」並不深以爲忤，更沒棒打一頓，轟出山門。其實，南泉所做的一切都是爲了使從諗識得自家本來面目，進入自在無礙的境界。而欲入此境界，必須首先獲得精神上的完全獨立，確立自身絕對的主體地位，而一般禪僧多自覺不自覺地唯禪師的意志是從，欲從老師的言詞語句中覓得眞禪，失去了大膽思考、獨發新意的力量和勇氣。大禪師懂得盡依師則不如無師的道理，一機一境，一言一句意在奪其所依，使之立孤峰頂而無路，處十字街頭而無方，而後求得大疑大悟。從諗從崇拜南泉到依賴南泉，最後遺師孤立，是走過艱難的心路歷程的。從諗一脚踢去，雖然情理上說不過去，但卻是他精神成熟的標誌。既然不依人爲師，那以何爲師呢？一次南泉便掩卻方丈門便把灰團，卻問僧云：「道得即開門。」許多人答話，但卻不合南泉意，從諗云：「蒼天，蒼天。」禪者應似蒼天無語，似白雲自在，即法自然師造化。

道心增長　機緣成熟

南泉時刻在觀察著從諗，考驗著從諗，也在不斷地給他以啓發和誘導。一次，兩堂僧衆爲一貓發生爭執，南泉見了，提起貓來說：「道得即不斬，道不得即斬卻。」僧衆所言皆不著邊際，南泉當下把貓殺了。從諗晚間回來，南泉將此事說與他，並問：「你能救得貓麼？」諗遂將一只鞋戴在頭上走了出去。泉云：「子若在，救得貓。」古來此公案就頗著名，稱爲難關。泉、諗師弟的所言所行，都不能以俗情塵見來理解。因爲殺害一無辜的生命，不僅對出家人是罪過，即便就世俗人而言，也未免過於殘忍了。但南泉此舉自有深意在。僧衆爲一只貓兒起爭執，說明他們我執我慢心重，斬貓可使他們悚然有醒，認識到法不可執、「我」不可憍，一切無常。南泉中間讓他們「道來」，實際上是讓他們躬自省悟，但衆人心思還在貓兒的歸屬和生死上，不一刀斬去，他們不知道還有自家的生命。從諗獨超衆流，不管貓兒死活，但求刀下全身，救得救不得，似乎全不干他事。究其實，他是舍小生而求大生，是爲保任眞常眞我，了辦生死大事，覓得生命的眞實和永恆。此等境界，絕非小德、小智、小仁之心所堪承當。從諗脫履置頭上而出，是嘲笑陷於雞貓之爭的僧衆頭足倒置，只願向外馳求，忘卻自己脚下事，不知道爲自身求得安身立命處方是最緊要處。從南泉、從諗的行爲作略可以看出，習禪者須有大根器，大氣量，大擔當，須有舍小仁而成大仁，以小失而全大用的精神力量，有能予能奪、能殺能活的善巧方便。故後人評此公案云：「南泉據虎頭，趙州收虎尾，貓兒卻被二老作活。」的確，從南泉殺貓這一著似不仁之舉中，我們看到禪的活潑、生動的機趣。

一次南泉上堂示衆：「文殊、普賢昨夜三更起佛見、法見，各與二十棒趕出院去也。」當時從諗從僧衆中出，問道：「和尚棒叫誰吃？」泉答：「王老師過在什麼處？」州便禮拜而去。若有人起佛見、法見是善業，大可不必施以棒喝，因爲時節若至，其理自彰，佛見、法見總勝於魔見、邪見。南泉之舉，意在破除僧衆對正見的執著，進一步啓發衆人不要停留在正見一段，還應行其所悟，使正見訴諸行動，此即正受，亦即正確的受用。從誌聽了南泉開示，始有所疑，終究默然而去，是欣然信受，還是有所保留而不願點破？答案恐怕是前者。又，從諗見南泉賞月，遂問：「幾時得似這個時節？」泉云：「王老師二十前就曾如此。」意謂只要心得大自在，隨時隨地都能發現生活的妙處，時時可見禪機的發露，只要能夠突破「我執」、「法執」，體驗到個體的生命與宇宙大生命的息息相通，胸中的塊壘就會一時瓦解，胸襟豁然洞開，盡情吐納天地之正氣，萬載之淸風，時空能奈我何？禪師最忌嚼飯喂嬰，將禪作道理解，當他們覺得弟子根機未備，因緣未熟時，寧願保持沉默。南泉在這裡能向從諗坦露心跡，說明這一弟子內心已熟，該是逗發禪機的時候了。

言上頓悟　心如朗月

對從諗在南泉處得道，《趙州禪師語錄》是這樣記載的：

師問南泉：「如何是道？」泉云：「平常心是道。」師云：「還可趣向否？」泉云：「擬向則乖。」師云：「不擬爭知是道？」泉云：「道不屬知、不知。知是妄覺，不知是無記。若眞達不疑之道，猶如太虛，廓然蕩豁，豈可強是非也？」師於言下頓悟玄旨，心如朗月。

「平常心是道」！一語道盡千古風流。此道超越知見分別，全靠體悟而得，非塵俗情識、尋常理路所能通達，所謂「擬向則乖」。然理非物外，道不遠人，透過先代大師們的行履言詮，我們還是可以窺見道之一斑。

「心平何勞持戒，行直何用參禪。」平常心之說已蘊含於《六祖壇經》。「心平」是「平常心」的第一個境界，即善心。人在生活中常會遇到種種誘惑，在內有名、利、食、色、睡「五蓋」攻心；在外有得失、利衰、毀譽、稱譏「八風」搖身，稍不留意，就可能被這些誘惑所鉤牽、所操縱，未得患得，已得患失，心被物役，人隨物轉，心永遠不得安寧。如果能夠依正法而行，諸惡莫作，衆善奉行，作到捫心而安、揆理而順、俯仰無愧，那就能站穩脚跟，從而做到不以物喜，不以己悲，不爲情囿，心常安而無擾。

公開倡導「平常心是道」的是道泉的業師馬祖。禪錄載，馬祖一日示衆云：「道不用修，但莫染污。何爲染污？但有生死心，造作趨向，皆是染污。若欲直會其道，平常心是道。何爲平常心？無造作、無是非、無取舍、無斷常，無凡無聖。」這裡所說的「平常心」，實際上就是六祖所說的「屏息諸緣，勿生一念，不思善、不思惡」的「本來面目」，或後人所說「本地風光」，亦即「本心」，這是「平常心」的第二個境界。本心清靜無染，與有造作、有分別的生死心相反，無是非，無取捨。這一本心，不是人的肉團心而是整個宇宙的大生命，或說宇宙之心，它是生命的永恆相，或永恆的生命相，是天地與我同根處，是宇宙間一切生命的基因。佛、衆生及一切有情在此基礎上泯除了差別，獲得了統一。這一本心也即圓明圓妙的眞如佛性。識得本心，自然了解有情法性平等，一切衆生皆具如來德相；識得本心，才會認識到青青翠竹，總是法身，郁郁黃花，無非般若，每一生命都是宇宙大生命的一部分，是宇宙精神的顯現，自他不二，人與萬物同體同心；識得本心，才能以同體大悲之心，運無緣大慈，去愛一切人，去感受宇宙間生命的異趣和盎然的生機。欲識得本心，須「窮理於事物始生之處，研幾於心意初動之時」，通過禪定、觀心，識得自家本來面目。

南泉在別處也曾論及「平常心」，禪錄載，僧問：「如何是平常心？」師（南泉）云：「要眠即眠，要坐即坐。」僧云：「學人不會。」

師云：「熱即取涼，寒即向火。」僧問：「向上一路請師道。」師云：「一根針三尺線。」僧云：「如何領會？」師云：「益州布，揚州絹。」南泉之意到底如何領會？實際上他這裡揭示了「平常心」的第三個、也是最高的境界——無心，此種境界，表現在對人生、宇宙實相的認識上，即是六祖在《壇經・付囑品》中所說「一相三昧」，「若於一切處而不住相，於彼相中不生憎愛，亦無取捨，不念利益成壞等事，安閑恬靜，虛融淡泊，此名一相三昧。」意即蕩除一切分別執著，包括對分別心與無分別智也無所得，心不住一切相，如如不動，與境相接，隨感隨應，無滯無礙，寂而常照，照而常寂。就利益衆生而言，「無心」意味著：終日奔趨皆爲度生，處處所作世俗，本源不動；度脫一切衆生，而實無衆生可度，修達如來功德，而實無功德所存；雖然每日用心，實無心可用，雖每日修道，實無道可修。天下之道，廓然大公，天地何言，天自高而地自厚，「無心」亦天地之性靈。在生活態度和人生價值趨向上，「無心」不是無所用心地飢餐、渴飲、閑坐、困眠，而是苦修苦煉後的返樸歸眞，心地洞明後的隨緣任運。「無心」先得識得「本心」，保任「善心」。居有爲界而行無爲法，雖行無爲法而不滅有爲相。南泉的開示，無非是說禪是日常的、單純的、普遍的、實際的，而非遠離日常生活。但禪更是超越的，它需要戒行純熟，三業無邪，祛除心中世俗的染垢；它需要對信仰的堅定和執著；需要對黎民百姓的關懷與同情，小德、小智、輕心、慢心的人豈能得其萬一？

從諗，大器利根，苦修經年，經南泉點撥，一朝開悟。心中塊壘，頓然冰釋，我執、法執，一切斷除，其心此時似孤空掛明月，此月寂寂，寂而常照；此明朗朗，照而常寂。千江共一月，天地同此心！

（原載《法音》一九九一年第十二期）

行雲流水說趙州

張文良

從諗在南泉處悟得「平常心是道」，隨即到嵩山琉璃壇受戒。後聽說其先前的業師駐錫曹州護國院，即前往省覲。其師見他回來，私下遣人告訴郝氏族人：「君家之子游方已回。」族人聞聽，歡欣不已，準備日後來看望。從諗知道後深感不安，對師說：「塵俗愛網，無有了期，既已辭家，不願再見。」隨即束裝回返。從諗在南泉處前後十餘年，以其超群的悟性和氣度，深得南泉的賞識。南泉寂後（八三四），從諗攜瓶負缽，遍歷諸方，尋師問道，走上了漫漫的行腳之途。

在古代佛教叢林，除日常功課外，作務與行腳是出家人主要的活動。「一缽千家飯，孤僧萬里遊。」就是行腳生活的寫照。行腳，除了與各地有道高僧互相切磋佛法外，本身也是逗發禪機，增長道業的重要方式。孤身一人，漫遊於青山碧水之間，看花開花落、雲舒雲卷，聽鳥語蟬鳴、地籟天聲，不是也可體味「萬法本閒人自鬧」的禪味麼？從諗的行跡遍及大江南北，學無常師，唯正理是從。嘗言：「七歲童兒勝我者，我即問伊；百歲老翁不及我者，我即教伊。」當時的禪門領袖，除南泉普願，還有百丈懷海、黃檗希運、臨濟義玄等。這些大禪師各據一方，大扇慧風，影響甚鉅。此外，雪峰義存、夾山善會、投子大同，以及大慈、寒山、拾得等，皆名噪一時。從諗在行腳途中，與這些禪門龍象相互砥礪、相互激發，彼此結下了深厚的法緣道誼。

百丈山　百丈人

百丈懷海禪師是當時禪門耆宿，潙山、黃檗都曾遊其門下。曾有僧問：「如何是佛？」百丈反問：「你是誰？」答：「某甲。」百丈：「你識得某甲嗎？」僧豁然有悟。百丈此問頗有「認識你自己」的意味。從諗到百丈處，百丈問：「從何處來？」「南泉處來。」「南泉近日有何言句示衆？」諗答：「無事之人，只須悄然去。」百丈問：「悄然一句作何解？」從諗往前走了三步，百丈大喝一聲，諗作縮身狀，百丈贊曰：「大好，悄然。」從諗隨即轉身而去。

「無事之人，只須悄然去。」並無特別的意味，不過是南泉上堂隨意說出的話。從諗只舉這一尋常語句，並未舉出什麼「離四句，絕百非」或「平常心是道」等名言警句，實際是告訴百丈，南泉並無一法示人，而只以尋常事接人。百丈並不罷休，他還想試試從諗的眞正韜略與蘊藉，於是故意問「悄然」作麼解。這一問實際上暗含機關，因爲如果以言詞作答，無論怎樣精確，都成「動然」而非「悄然」，此問是「死」問，不是無答案，而是不能答，出口便錯。從諗何等人也，豈能不識百丈手段？故機智地保持緘默。百丈無奈，大喝一聲，欲激其出言，但從諗仍「悄然」無語。百丈見法侄機敏過人、氣度不凡，大感欣慰。從諗得到百丈印可，已成「無事之人」，於是遵師囑悄然離去。何等的灑脫！何等的幽默！這是智者的灑脫，是禪者的幽默。這裡不見絲毫庸俗的客套和恭維，也不見死板的面孔和冷硬的言語，一切都是活潑潑地無拘無牽。

從諗在這裡所表現的過人之處，在於將「平常心」這一至道運用到尋常日用中，不粘不滯，極盡其妙。總以平常心言尋常語，總以平常心行尋常事。從諗雖在南泉處有所悟，但如果他把所悟境界看成一段光景把玩，甚或尋言摘句，處處眩示，所悟便成虛幻，言句便成桎梏。因爲將老師的話重複得再準確，也是炒冷飯，所謂「見與師齊，減師半德」。道之生命，完全在於運用之妙。從諗不以悟爲悟，不以得爲得，於不動聲色中顯示出禪者的大機大用。

黃檗門　趙州關

黃檗希運禪師於百丈處得心印，長期在黃檗山領衆參禪。常教導門下立大志，於根本處著力，莫爲片衣口食而空誤一生。所謂根本處，又稱向上道、向上關棙子、向上事，指眞實的開悟的境界。到此境界，即脫卻一切凡夫習氣，消除一切煩惱，獲得人生的徹底解脫，進而轉臻諸佛的極境。只是這一境界不是諸佛或歷代祖師所宣說，而是有待禪者親自去參究體驗始得。所以黃檗極端鄙視「口頭禪」，認爲不識根本，縱然橫說豎說終歸浪費時間，無益於生死之事。

黃檗亦曾遊於南泉門下，與從諗可能早就相識，所以當從諗行腳到黃檗處，黃檗見他來故意閉卻方丈門。從諗沒去叫門，而是舉火把在法堂大叫：「救火！救火！」黃檗聞聽，大驚，急忙從方丈室奔進法堂，抓住這大膽的和尚，厲聲問：「怎麼回事？怎麼回事？」從諗譏道：「賊過後張弓。」

從諗見黃檗的時間，史無明載，但從黃檗對他的態度看，他們早已相熟，且從諗已在禪林有一定聲譽。黃檗把他關在門外，是想看他如何破「黃檗門」，以試其道力。從諗當下洞察其用心，故亦以非常手段應之。在黃檗應聲從方丈室奔出，「黃檗門」自開，當他奔入法堂，已入「趙州關」矣！從諗以方便手段，巧妙地反客爲主，將黃檗置於被動，首先贏得第一個回合。「火」在這裡暗喻心中的煩惱，最高的境界應該是一念不起，一塵不染。待得煩惱已生，才去用心加力，無異於見到火起，方去救火，在境界上已落二落三，在實際中也爲時已晚。「一念嗔心起，八萬障門開。」煩惱心生、嗔心火起，平常心即不可得。所以從諗見黃檗急急趕來救火，譏之爲「賊過後張弓」。

從諗在這裡的作略，峻急火爆，與在百丈處的平實拙樸大異其趣，這正體現了從諗的大家風範。只要識得本心，認得實相，便能隨緣應物，處處自在。該以尋常事應之，則應之以尋常事；該以非常事應之，則應之以非常事。道之發乎用也，如摩尼珠，體非一色，處處皆圓；如水中月，「一月普現一切水，一切水月一月攝。」心機動處，皆得其妙，縱橫不離本際。

不許夜行　投明須到

大同禪師，因居投子山三十餘載，故禪林稱爲投子。他曾師從翠微禪師。一日問師：「未審二祖初見達摩，有何所得？」翠微曰：「汝今見吾，復何所得？」投子言下頓悟。投子所悟，當是在精神上消除一切依傍，以尋得自身的主宰。一日從諗行腳至桐城縣，投子亦出山，二人相會於途中。諗問：「莫是投子山主麼？」投子：「茶鹽錢布施我。」諗先歸庵中坐，投子後攜一瓶油歸。諗：「久聞投子名，及來，只見個買油翁。」投子：「汝只識買油翁，不識投子。」「如何是投子？」投子提起油瓶：「油！油！」

這時的投子已是弟子盈門、聲譽很高的禪師了，但仍親自到山下買油。一方面可見其生活的清苦，另一方面也可見當時禪師不矜高名、質樸平易的作風。從諗出言，全無溢美之詞，相反倒有幾分見面不如聞名、盛名之下其實難副之慨。其意無非是激發投子露出家底，能夠一睹投子之風采。不料投子假痴假癲，藉坡下驢，你不是戲稱我是買油翁嗎？我買油翁也稱不上，只是無情無知的油！這與後來人問從諗，如何是和尚家風，從諗答以「屏風」一樣，意在截斷衆流，讓人不要企圖從理路上得，從言詞中會。不過投子以油自況，更有調侃的意味，既是對從諗的調侃，又是對自我的調侃。而這是需要足夠的智慧和自信的。據說，有一次一狂徒持刀欲害投子，投子泰然自若，隨宜說法，頑徒聞而拜服，並脫下身上的衣服布施給投子。即此可見，投子有高超的智慧、無礙的辯才。他不是無妙法可說，而是在從諗面前故作姿態，看你從諗奈我何！

從諗問：「大死的人，卻活時如何？」投子：「不許夜行，投明須到。」諗：「我早候白，伊更候黑。」

個體的生命是宇宙大生命的人格化，而宇宙生命之流有其自身的靈性與法則，此即道。心與道合即生、昧道即死。從諗這裡所說的死活，不是生理意義上的生與死，而是指心的迷與悟。禪師常言，小疑小悟、大疑大悟、不疑不悟。非得大死一回，在走投無路的絕境中，才會尋得自家室藏，認識生命的底蘊，轉活過來。從諗所問有大氣度，然「莫言侵早起，更有夜行人。」投子仍不許。不錯，人須了脫生死，證涅槃妙境，然如果樂著涅槃，固執解脫，解脫反成桎梏。眞正的解脫，應該是雖親涅槃而不住涅槃。只有悟到不以悟爲悟，不以得爲得，才算悟到究竟，才是通體脫落，才能心與道合。以此觀之，從諗還是把迷、悟、生、死分成兩截，未明在生死中求活路的道理，所以投子以「不許夜行，投明須到」這一佯謬之言相答。意在告訴從諗，欲擺脫生死而求解脫，恰如不經夜行而投明須到一樣，是顯然作不到的。從諗利根靈發，言下即悟「黑」與「白」具有同樣重要的意義，「沒有漫漫長夜行，怎得投明見曙光？」生命的意義或許即在以洞明的心境，爲了前面的光明，在漫漫長夜中孤獨地前行！在這個意義上，過程（黑）甚至比目的（白）更爲根本。即至晚年，有人問從諗：「佛祖相傳個什麼？」諗答：「個個總屬生死。」至矣哉，斯言也！

行到水窮處　坐看雲起時

從諗還在天台山留下足跡。當時天台山已是久負盛名的佛教名山。豐干禪師在此領衆弘法。其門下有兩個著名弟子寒山、拾得。二人性情放達，常「或在廊唱詠，或望空獨笑。」且皆以詩名。寒山有詩「自樂平生道，烟夢石洞間，野情多放曠，良伴白雲閑。」拾得則有「見了眞空空不空，圓明何處不圓通，根塵心法都無物，妙用方知與物同。」二人的境界都是很高的。豐干以寒山、拾得爲文殊、普賢二大菩薩化身相期許，誠不虛也。

從諗到天台，路上與寒山相逢。寒山見牛跡，問：「上座還識牛麼？」諗：「不識。」寒山指牛跡曰：「此是五百羅漢遊山。」諗：「既是羅漢，爲什麼卻作牛去？」山曰：「蒼天！蒼天！」諗呵呵大笑。山問：「笑什麼」？諗：「蒼天！蒼天！」山感嘆：「這小子宛然有大人作略。」從諗見寒山、拾得一事見於《古尊宿語錄》卷十四，且內容有別。據此書載，從諗到天台山國清寺，見寒山、拾得云：「久聞寒山、拾得之名，到來只見兩頭水牯牛。」寒山、拾得聽了，作鬥牛狀，嘴裡喊著「叱叱（吆喝牲口聲）」並咬齒相看。諗便回堂。一日寒山、拾得問諗：「來做什麼？」諗：「禮拜五百尊者。」二人云：「五百頭水牯牛尊者。」諗：「爲什麼做五百頭水牯牛？」寒山：「蒼天！蒼天！」諗呵呵大笑。

初看三人之言行，問得奇特、答得奇特、笑得莫名其妙，鬥得更莫名其妙。但須知他們不是在鬥嘴舌、尋開心，而是在富有滑稽意味的談笑間展示了各自的機鋒作略。

「水牯牛」在禪宗公案中屢屢出現。南泉上當：「王老師自小養一頭水牯牛，擬向溪東牧，不免犯他國王水草；擬向溪西牧，不免犯他國王水草，不如隨分納些些，總不見得。」水牯牛喻心，牧牛即練心。心初被物牽，被欲所縛，總不得自在。若識得本心，即以「本分」草料養之，則能隨緣有地，收放自如。有僧問：「和尚百年後向什麼處去？」南泉曰：「山下作一頭水牯牛去！」從諗亦曾問：「知有底人向什麼處去？」泉曰：「向山前檀越家作頭水牯牛去。」諗曰：「謝師指示。」泉曰：「昨夜三更月到窗。」不獨南泉，潙山示衆：「老僧百年後向山下作一頭水牯牛，左脅下書五字『潙山僧某甲』。」南泉將來世作牛稱「異類中行」。

此作何解？這裡涉及佛教的根本思想——因果與業報說。據說，百丈和尚門下有一老者，在迦葉佛住世時，因僧問：「大修行底人，還落因果也無？」直答：「不落因果。」後竟五百生墮野狐身。老者請百丈代一轉語，脫野狐身，遂問：「大修行底人，還落因果也無？」丈云：「不昧因果。」老者言下大悟。緣何一字之轉，生死懸隔？原來「不昧因果」乃佛教輝古騰今之不二法門！

佛教的因果觀與業報說結合在一起。人在生死海中流轉不息的根本原因在於執著。佛教的一切教義，都在於破「執」。如能洞明「執」是一切煩惱和痛苦的根源，即能消除貪嗔痴，獲得解脫，免受輪回之苦。但這並沒有消除客觀的因果法則。有因必有果，善因善果，惡因惡果，這是不可移易的。大修行人「不昧因果」本身，也是修禪定止觀、轉識成智等正行正因的果報，也是因果法則使然。所以解脫不在

「不落因果」，而是「不昧因果」，而最高的境界在於「全機因果」，即認識到在無限的因果鏈條中，因即是果，果即是因，因果不一不二。明乎此，就能打破凡聖情見，不執著業因、果報，即能不斷煩惱而入涅槃，處地獄即如處三禪天，六道出入，隨緣自在。

「世人住處我不住，世人行處我不行。」南泉、寒山、拾得等要做水牯牛去，逆乎常情，但其實是一種境界。臻此境界的前提是「不昧」，即對萬物的因果法則，對絕對的生命有深刻的認識和體察。這一絕對的生命即宇宙大流，它是諸佛的根本，是群生的性命，亙古亙今未嘗移易，在聖在凡曾無增損。若眞見本色，識得道體，即能「順流去」，即能無所住而生其心，超越一切相對條件，包括空有、善惡、來去等等，即能徹悟生死的意義，出入生死而不墮生死，在生死中把握生死，獲得對生死的超越；即能與萬法爲侶，與萬物同體。至此，則上不見塵沙諸佛，下不見六道四生，內無能証之心，外無所証之法，赤條條，灑脫脫，撒手到家。這是一個無分別的境界，但不是一個不明白的境界。這是一個渾然的境界，但更是一個清楚的境界。

故此，禪師的言行看似荒唐，實際是爲讓人明白，是爲破除衆人的情見，破除對佛、對聖的迷執。「作水牯牛」說到底是一種方便，是師道而非禪道。如果不明就裡，對此不作「虛」看，而作「實」想，眞去放浪形骸、無所顧忌，那就是在驢胎馬腹作活計了。南泉示衆：「喚作如如，早是變了也。今時師僧須向異類中行。」雲門澄因僧問：「如何是異類中行？」澄云：「輕打我！輕打我！」僧云：「我會也。」澄云：「汝作麼生會？」僧遂作驢鳴，澄休去。此學僧膠柱鼓瑟，更落等而下矣。一句「作水牯牛」，使多少人陷入圈套。正所謂「一句合頭語，萬劫繫驢橛」！

至此，從諗與寒山、拾得之交鋒可以有答案了。寒山、拾得以水牯牛比羅漢，自以爲得計，豈不知從諗早從南泉處會得此意。他問：「爲什麼做五百水牯牛？」實在是無可問而問。最後他答以「蒼天！蒼天！」實在也是無可答而答。對寒山、拾得的作略，從諗只道頭便知尾，才舉著便知落處。可嘆寒山、拾得風流一世，竟落得為從諗作注腳去也！

「行到水窮處，坐看雲起時。」行腳生活雖不乏詩情畫意，但在當時的自然和社會條件下，又畢竟是艱苦甚至是凶險的。尤其孑然一人，相伴者唯一衣一缽、芒鞋拄杖，在常人看來，僅其寂寞即為不堪。然大師以無上道心與天地接，飽山嵐之氣，沐日月之精，得煙霞之靄，以眾生為眷屬，以萬物為法侶。其行也，雲水影從；其止也，百鳥供養。達此境界，寂寞何有？苦又何言？贊曰：烈日嚴寒歷盡，漫天風雪無情，漂泊復伶仃。只道天涯求道苦，誰識雲水閑度，行若無事，足下自崢嶸。靈山叢林慧風起，投子油、寒山牛，何處覓禪蹤？來日春風千萬里，遍地梨白桃紅。獨放異采，智光耀天庭！

（原載《法音》一九九三年第二期）

庭前柏子翠依然

何處青山不道場

張文良

從諗禪師少小離家，先在南泉處得悟，後雲遊天涯，到處參訪。晚歲嘗云：「老僧行腳時，除二時齋粥是雜用心處，餘外更無別用心處也。」其精勤修道之精神可見一斑。唐會昌年間（八四一～八四六），武宗行「沙汰」之制，劫波浪起，法輪摧折。諗禪師亦隱匿於家鄉徂徠山（今山東泰安市東南）。其間岩棲澗汲，草衣木食，艱苦至極。然生活愈艱，儀法愈峻，未嘗一日暫弛。其操守之堅，氣節之貞，不讓古德。待風平浪息，禪師不顧年邁，重又踏上行腳之途。據說，禪師要到五台山瞻禮文珠菩薩，一位大德作偈留云：

何處青山不道場，何須杖策禮淸涼？
雲中縱有金毛現，正眼觀時非吉祥。

禪師問：「如何是正眼？」大德無對。這位大德「何處青山不道場」，氣象頗大，其後兩句，指明佛、菩薩不可以相求，表現出對禪一定程度的體悟和理解。但他對「正眼」的偏執，則又說明他還有分別心，還沒有達到圓融無礙、觸處皆眞的如如境界，故禪師一語反詰，大德頓時無對。由於禪師德行、禪行遐邇聞名，故所到之處，信衆翕然輻集。禪師說法，常無人再提出論辯質疑，這在棒喝交織論辯滔滔的禪林，實屬少見。這一方面說明禪師辯才無礙，機變無方，有一言九鼎之道力；另一方面也可見出禪林對禪師的推重與服膺。

唐大中十一年（八五七），從諗禪師受請住持趙州觀音院，從此以「趙州禪師」之名馳譽天下。

禪師這時選擇趙州觀音院卓錫當不屬偶然。禪師長年雲遊在外，年事漸高，高林在欽敬之餘，莫不對禪師表示關切。還在南方之時，雲居道膺勸他：「老老大大，何不覓個住處？」到茱萸和尙處，爲此還受了一番善意的揶揄。茱萸：「老老大大，何不覓個住處？」詭問：「什麼處住得？」茱萸：「老老大大，住處也不識。」其實禪師不在南方落腳自有其隱衷。禪師得法於南泉，屬慧能下之四傳，他與百丈、黃檗、臨濟、潙仰等宗師，雖同出一源，屬南禪一系，然授受有別，門庭施設有所不同。從後來禪師接引衆生的方式看，比之其他禪師動輒動棒、行喝，禪師的風格要綿和、平易得多。從義理上看，南禪以明心見性爲宗旨，但比「心」、此「性」皆是體、相、用的統一。眞正的見性，應是即體顯用，隨緣現相，在日常行事中體現出宏大的氣象、灑脫的風骨。所以禪師只教參禪者「吃茶去」、「吃粥去」、「洗缽去」。說到底參禪悟道都是爲了得個受用，若自稱見性，死守靜居，不知其用，猶如貧子發財，困守錢堆，終爲貧子一樣愚不可及。禪師基於自己對禪的體悟和理解，形成了獨特的禪風。另闢道場，舉揚一家宗風，也是事有必至，理有固然。

趙州，燕南重地，冀北名區，漢代已置縣，名平棘。舊志載，「燕趙之俗，崇尚浮屠，庵觀寺院，星列棋布。雖窮鄉下邑，香火不絕。」是知佛教很早就盛行於此。觀音院位於古城之東南，肇建於東漢末年，隋唐以前的傳承，史籍無考，延至唐代，影響始著。玄奘法師西行求法前，曾於此從道深法師習《成實論》：唐代著名書法家顏真卿曾在此留下「攀龍鱗，附鳳翼」的墨跡。可見，當時的觀音院亦是人文薈萃之法緣福地。諗禪師遍歷天下而獨止住於此，蓋非出於偶然。

達磨西來意如何

這時的趙州禪師已壽滿八十，然精神爽逸，毫無耄及之態。其禪行、其道力，經由幾十年的砥礪磨煉，早已爐火純青，臻入化境。揚眉瞬目，無不有道，一機一境，莫不有禪，其接引衆生，更是揮灑自如，全無滯礙。嘗示衆云：「老僧此間即以本分事接人，若教老僧隨伊根機接人，自有三乘十二分教接他了也。」即不談玄理，不指理路，直讓人於尋常日用處著力。有學人問：「未審和尚還修行也無？」師云：「著衣吃飯。」

然慕名而至者大都滿懷疑慮和困惑，期望大禪師能給與明確的開示，最好是一言之下，頓然開悟。所以有的一見禪師，開口便問：「如何是佛法大意？」有的問：「如何是禪？」但問得最多的是「如何是祖師西來意？」

「如何是祖師西來意？」是禪林非常流行的公案，其字面含義即「達摩祖師從西方來東土究竟何意？」達摩即菩提達摩，據稱是南印度人。約在梁武帝普通年間（五二〇～五二七），由海路來中國，後於嵩山少林寺面壁九年，後遇慧可，傳「無門之法門」，爲中國禪宗之肇始。據其弟子曇琳所述，其禪法以「壁觀」法門爲中心，「若也舍妄歸眞，凝住壁觀，無自無他，凡聖等一，堅住不移。」禪的實際境地即「外息諸緣，內心無喘，心如牆壁，可以入道。」

從「西來意」的表層意蘊看，達摩西來確有其特定的含意，此即感於東土多大乘根器，特來傳播自己的一套禪法及法門。如果僅限於此，這一問題不難回答。但這樣的答案是不能得學人首肯的，因爲以上故事是禪林內外皆知的事實。

問：「二祖斷臂，當爲何事？」……。

這才是以上問題的核心所在！二祖即慧可，原名光，少時博綜百家，後歸宗佛教，遍習大小乘義理，並曾在香山靜坐修定八年。聞達摩在少林寺修道，即前往參訪。但達摩很長時間都不理睬他，也未與一句教導。慧可爲表達自己求法的心願之堅切，自斷左臂，置於祖師前。達摩大爲感動，收其爲弟子。達摩傳法慧可的情景史籍是這樣記載的：

(慧可)乃曰：「諸佛心印，可得聞乎？」祖曰：「諸佛法印，非從人得。」可曰：「我心未寧，乞師與安。」祖曰：「將心來與汝安。」可良久曰：「覓心了不可得。」祖曰：「我與汝安心竟。」

學人見趙州，與慧可禮達摩相似，都是發現自己的心紛擾不安，才請禪師予以安頓。問祖師西來意，問二祖斷臂之事，都不是就事論事，而是敲山震虎，攪水驅魚，欲得禪師的點撥與明示。且看趙州禪師如何回答：

問：「如何是西來意？」師下禪床。學云：「莫便是否？」師云：「老僧未有語在。」

問：「如何是祖師西來意？」師云：「東壁上掛葫蘆多少時也。」

問：「如祖師是何西來意？」師云：「如你不喚作祖師，意猶未在。」

問：「三乘十二分教即不問，如何是祖師西來意？」師云：「如你不喚作祖師，意猶未在。」云：「未審此意如何？」師云：「我亦不知。」

問：「如何是西來意？」師云：「什麼處得這消息來。」

問：「如何是西來意？」師云：「板齒生毛。」

問：「如何是祖師西來意？」師云：「床腳是。」

問：「二祖斷臂，當爲何事？」師云：「粉身碎骨。」

問：「如何是禪？」師云：「今日天陰不答話。」

那麼，趙州禪師對這一問題到底做沒做回答呢？下禪床無語、天陰不答話，是回避；答以壁上掛葫蘆、水牯牛生兒、板齒生毛、床腳，是回絕。因爲學人所問是抽象的義理，而禪師所答則是不相干的具體事物，其間沒有任何邏輯聯繫，通常人不會從中得到任何相關的信息，只會更加迷惑！所以可以說禪師沒有回答，準確地說，沒有對題的回答。

不做回答，首先在於這一問題本身經不起推敲，問題本身有問題。「如何是祖師西來意？」有一預設命題或隱含命題，即祖師西來有意。對以上問題，無論做何種指示性回答，都首先肯定了這一預設命題。但實際上這一命題不能成立。

這裡所問的「西來意」實際上是指達摩所傳心法。達摩所傳或二祖所承之心法是什麼呢？只是無心可傳，無法可承！世尊於菩提樹下，無師自悟；二祖斷臂，亦無所得。心法根本是傳授不得，唯自証自悟到無迷悟處，直下心空便了。有人問仰山：「了心之旨，可得聞乎？」山云：「若欲了心，無心可了；無了之心，是名眞了。」達摩西來，本無造作，來只須來，去便隨去。怎奈一人傳虛、萬人傳實，後人執心爲有，妄生許多葛蔓。正因爲祖師西來無意，故此問正如「方的圓什麼樣？」一樣，犯了內定結論的錯誤，對其回答，只須否定其預設命題，從根本上斷其思路。有人問大梅禪師「如何是西來意？」師曰：「西來無意！」趙州的諸種回答，也包含了同樣的意蘊。

所謂佛祖以心傳心，只是虛說，實則一切不可得。但心不可得，只是說此心不可以尋常理路覓得；此法不可授，只是說法不能像知識那樣在師生間授受。並不是說此心不存在，或根本就沒有這種心。「心空」或「無心」，是就其不同於人的肉團心，也不同於人的靈知之心，而是無形無相的存在而言的。空不礙其有，這一「本心」，就其隨緣現爲萬相而言，稱爲法相；就其爲成佛的根據而言，稱爲佛性；就其顯現於人身而言，稱爲法身，或「本來面目」，或「父母未生你之前的狀態」。它是萬物的本然狀態，在這種狀態中，主體與客體、可能性與現實性、有限性與無限性、偶然性與必然性等等區分都不存在，是融通一切二元對立的無分別狀態。它不是一種實體，不具有任何具體的規定性，即它不是「什麼」，而就是「是」本身；不是「存在者」，而是非「者」化的「存在」。

面對這一無分別之「本心」，人的分別心，即人的靈知之心、人的思維是無能爲力的。思維把握客體，是通過分析、綜合、抽象、概括等思維手段，達到對客體本質的把握。但當這種思維去把握「本心」這一特殊對象時，其局限性馬上就顯露出來。因爲「本心」是萬法之共相，思維本身即靈知之心亦是此心之特殊形態，正像尺子不能去測量量度本身一樣，思維亦無從把握作爲其本根的「本心」。再者「本心」不是實體，而是一種主客未分的如如狀態，以分析性爲特征，以抽象爲手段的思維，對「本心」的把握，充其量是一「定格」，是無限綿延的中斷，是宇宙大流的截面。充滿無限生機的動態的「本心」，在思維中只能呈現爲固態的、僵硬的結構。這種反映已不僅是失眞問題，而且是質的變換。人的思維可以去感知「它」，但感知到的已非原本的「它」。

思維不能把握「本心」，原因在於其異質性，即「本心」是活生生的、靈動的，而思維則是構架性的、靜態的。但與語言比較起來，思維仍保持其主體性，仍有一定能動性和靈活性，而作爲思維物質外殼的語言則更爲形式化，更少靈性。如果說思維還是多層次的，多維度的，還可以對「所指」進行主體把握的話，那麼語言則是平面展開的，是一維的(在文字語言中表現爲二維)。如果說思維之於「所指」是一種定格，語言之於思維則是一種「投影」，即多維的思維投影於一維的語言流中。

思維與語言間的維度轉換非同小可，它使在思維中不同層次的概念或思想在語言中疊加在一起，正像一個立體結構投影到平面上各部分會紐結在一起一樣。這在語言中表現爲大量的歧義和悖論。就「西來意」而言，看似很平常一句話，但其中潛隱的信息量很大。西來之「意」是在不同層次上被使用的，它既可指達所以在一定意義上可說達摩西來有意，一定意義上又無意；在一定意義上此意可說，一定意義上又不可說。但這些在思維領域可以加以區分的內涵，表現在語言中都是一句「西來意」。要回答這一問題，先得把問題本身釐清，而從這裡又會引出許許多多新的問題，由此追下去，不僅不會接近目標，反會離目標愈來愈遠。此即言不及意，意不達物，只是這裡的物不是實體，而是「本心」。

由於思維與「所思」的異質性，由於思維、語言的局限性，人不能通過尋常理路即概念性思維去趨近「本心」，所謂「擬議即差，動念即乖，才涉言路，便失眞常。」趙州深悟此旨，所以以種種不對題的回答，直下截斷問者的言路、思路，明示其「此路不通」！從積極的方面說，即解除日常語言、思維模式對修行者的精神束縛，使其精神具有最大的自立性。

庭前柏子自閑閑

這一思維不可把握之「本心」是萬法的本根。其本源性意義對世間萬物都是開放的，但只在人身上達到了高度的自覺。自覺到萬物的本源性意義，就能於一草一木、一機一境中，發現「本心」的存在，發現生命的眞常。

時有僧問：「如何是祖師西來意？」師云：「庭前柏樹子。」學云：「和尚莫將境示人。」師云：「我不將境示人。」云：「如何是祖師西來意？」師云：「庭前柏樹子！」

這裡的「柏樹子」不妨說與前面的「床腳」、「板齒」具有同樣的意義，即作爲不定性標幟，意在蕩相遣執，讓人不要有所攀附，不要向外執取。這一層含義在第一番問答中已表達出來了，而且問者認識到不能於境上生執著，說明他已會得此意。但學人再問，趙州仍答以

「柏樹子」，其間就別有意趣了。可以說，前一「柏樹子」是在方法論意義上被使用的，意在讓人斬斷言路，思路之葛藤枝蔓，由此回頭，返求自己的「本心」；後一𪎭本人西來之用意或用心，又可指達摩向後人傳授之「心意」。「柏樹子」是在境界論上被使用的，它標示一種境界，眞正識得本心，並沒有玄奧處，不過是看山還是山，看水還是水，看庭前柏樹子依然是庭前柏樹子！

這是一個什麼樣的境界呢？是內外打成一片的境界；是沒有物我、主客、彼此等二元對立的境界；是沒有執著、沒有煩惱、平等一如、湛然眞純的境界。這是一種理想的境界，但不是一個虛幻的境界，準此而著力，久之，即能完成心識的轉變，即能獲得一種新的觀察世界的視角，即能擁有一種萬物一體、民胞物與的胸襟，一種「須彌納於芥子，擲大千於方外」的氣象，一種「衆生有苦即我苦，衆生不盡我去度」的情懷，一種「一花一世界，一葉一如來」的感悟，一種生死之門，任我出入的精神。禪意如水，流淌在人們的日常生活中；禪意如詩，顯現在花木蟲魚、和風細雨中。「春有百花秋有月，夏有涼風冬有雪，若無閑事掛心頭，便是人間好時節。」於此會得，可得個中三昧。

「大道只在目前，要且難睹。」「柏樹子」是一象徵，其間隱含著趙州禪師許多不便直說的禪悟體驗和感受。但這些含義都是隱而不顯的，因爲說到底它並沒有說明什麼，在其外在形態上，它純然是一符號。其內涵有待人們去闡釋，它本身是「死」的，有待聽者根據自己的經驗去激「活」。在禪宗公案中，表徵「本心」或與「存在」相聯繫的概念語句都不是知識性、概念性的，而是隱喩性的，即是「詩意」的，它不傳達給人明確的知識，而是創造一種氛圍、傳達一種情緒、一種意向。所以其內在的意義並不是容易理解的。欲契悟禪師之心懷，不僅要有一定的禪學修養，還必須有與禪師相近的「詩意」的心懷，所以與禪師的對機，說到底不是語言的交鋒，而是心靈的默契，是師生間的心心相印。就像讀一首「朦朧詩」，需要讀者的參與和再創造，聽禪師的回答，也應該透過看似無意義的言句，感悟禪師的本懷，從而識得自家的寶藏，獲得一種禪者的心懷。

由此可見，所謂「柏樹子」只是一個「向標」，一個「指針」，指引人去探險，去攬勝。若會得此意，只管照直參去，總有海闊天空的境地；不會此意，原地打轉，以至死在句下，也未可知。故於言語間討活路，就如守株待兔、買櫝回珠般愚不可及。趙州有一弟子覺鐵嘴，在趙州歿後，到了崇壽法眼處，法眼問：「承聞趙州有『庭前柏樹子』話，是否？」覺鐵嘴答：「無」。法眼：「往來皆謂僧問：『如何是祖師西來意？』州曰：『庭前柏樹子。』上座如何得言無？」覺鐵嘴答：「先師無此語，和尚莫謗先師。」覺鐵嘴不枉爲趙州弟子啊！

千古而後，趙州禪風遺響猶存，庭前柏樹子翠色依然。

趙州贊

別峰禪師

無端提起七斤衫，多少禪流著意參。
盡向青州作窩窟，不知春色在江南。

趙州古佛頂相贊

元・南岳祖瓊

舌劍唇鎗殺活機，雄雄鏖戰破重圍。
如今四海清如鏡，贏得霜眉對落暉。

晚過趙州

元・陳孚

攬勝欒城又趙州，清霜點入鬢邊秋。
何如東院老尊宿，不出山門到白頭。

柏林寺

汝南　太景子

燕趙尋奇士，空門識妙心。
經翻孤石冷，水動畫廊深；
殘雪留松砌，高風到柏林。
況逢茶味好，香氣靄青岑。

柏林寺

蔡鍐

古寺幽深幾度過，禪房花木近如何？
爲愛泉甘茶味好，常思此地作行窩。

其二

蔡鍐

忽憶禪房舊念生，由來茶味有餘清。
雲開西嶺數峰碧，月在前溪一鑒瑩。
古殿尙留眞際像，斷碑微有李翺名。
東林應待陶元亮，早晚蓮開造遠公。

柏林寺

王允禎

西來大士散天花，影落孤城貝葉遮。
冷冷林空古壁水，如如禪語趙州茶。
庭前柏子浮明月，石上雲光映素紗。
半夜鐘聲驚我夢，香風冉冉燦煙霞。

柏林寺

王汝弼

蕭蕭古寺鎖燈霞，蘭若孤雲柏影遮。
檐外離離深蔓草，壁間隱隱泛仙槎。

空階此日苔流翠，石徑當年天雨花。
開士不知何處去，更無人啜趙州茶。

柏林寺

王汝翼

蒼涼古寺入煙霞，幾轉香風幾落花。
雲里鐘聲敲碧玉，壁間流水起龍蛇。
青山隱映僧房秀，柏影陰森石徑斜。
坐久渾忘身外事，青蓮散處現菁華。

柏林寺

張士俊

吾趙招提地，柏林藉有聲。
吃茶參妙理，水底一燈明。

眞際塔

張士俊

趙州和尚塔，衣缽此中盛。
風鈴時作響，仍是渡迷聲。

柏林寺壁畫水

翟汝乾

柏林水，何人寫向金堂裡？
筆陣稜稜煙霧生，寒飆颯颯蛟龍起。
正視看來心目驚，拂拭求之壁坦平。
咫尺有無成變幻，如何擬議識神情！
古稱繪事成眞際，受采之處先得意，
應是神游澒洞間，毫端一寫蒼茫勢。
君不見，張僧繇畫龍成時不點睟。
點睟一夜遄飛去，自是其中有神遇。

柏林寺壁畫水

象衛道人

趙州水，稱絕奇。
有客臨摹來，張之古牆陴。
我見毛髮豎，颯颯寒風吹。
疑已逼大眞，非此人力爲。
乃今觀畫壁，變幻殊難羈。
固知臨摹者，形在神已離。
一筆劍鋒鋩，蕩漾成漣漪。
雲是水之文，如綸與如絲。
乘筆以飛渡，蕭葦可障之。
一筆如巨流，奔放扼險巇。

龕赭兩山間，萬派俱鳴悲。
慘烈颶風起，簸弄其如斯。
是之謂武水，不可狎以嬉。
我閱此圖頻抖擻，神工鬼跡古無有。
兀誰寫向摩尼堂？清晨白晝蛟龍吼。
寧非聖僧吸海濤，口吐津津盈戶牖。
靜能法師收未還，白衣老父隨相守。
又非月光童子夜，女嬋呑盡兩灌腰肘。
不投瓦礫不窺窗，春波滿堂人枯朽。
不然而何鬼與神，巧匠旁觀齊縮手。

柏林寺壁畫水

明・蔡懋昭

聞說柏林懸畫水，無端繫我廿年心。
今朝得到空明鏡，才見人間苦海深。

柏林寺壁畫水

明兵備副使　陳　奎

蕭寺何緣得勝游，諸君餞別此淹留。
壁間畫水傳唐跡，石上螭文記宋秋。
民瘼深愧無補報，交情何以慰綢繆。
遙知別後還相憶，明月秋風各倚樓。

柏林寺壁畫水

李言恭

忽爾臨溟渤，西風起夜潮。
聲疑瀑布落，影共雪山搖。
宿霧晴尤裊，洪濤靜轉遙。
蛟龍棲自穩，何處著漁艄。

柏林寺壁畫水

王 僉

長夏公餘訪法台，水分文武勢瀠洄。
狂瀾疑有蛟龍起，幻跡驚看風雨來，

共托恆河迷彼岸，似從苦海覓蓬萊。
個中神物相呵護，名筆於今尚未灰。

柏林寺壁畫水

明・釋達觀

畫水何曾有水相，有相焉能盡水狀？
靈台無物湛然清，信手風生掃成浪。
視之滾滾聽無聲，日夕波濤千萬丈。
此中未必無魚龍，頭角潛藏待雷響。
君不明，畫水之時念不生，念生畫之終不成。
譬如陽春回大地，紅白枝枝豈有情。

柏林寺壁畫水

清・沈雲尊

殿門呀開浩洶湧，怒流憾壁壁欲動。
相傳妙手出吳生，丁甲千年遞呵擁。
筆鋒騰蹴九地坼，墨花浪舞百怪竦。
我因訪古來祇園，曈曈曉日臨風幡。
選佛場荒遍搜剔，鬥見此畫清心魂。
若言畫水定非水，目中何以波濤翻。
若言畫水即是水，壁上那有涓滴存。
是一是二不可說，趙州和尚嗔饒舌。

柏林寺壁畫水

清・胡以泓

由來古趙建藩奇，兵燹頻仍彼黍離。
遠寺尚餘狂墨翰，危牆猶有浪花嘶。
蕩漾不因風汨沒，波瀾豈爲雨參差。
蛟龍乍遇成雷吼，應有涓埃洗甲思。

柏林寺壁畫水

清・李　京

壁間波浪日千層，久視深疑若湃澎。
自是胸中存活潑，因之筆下起淵澄。

分明法海人難渡，但有慈航我欲登。
道子悟禪禪是水，後賢空作畫圖稱。

柏林寺壁畫水

清・王登聯

寺古隱殘碣，停驄一徜徉。
畫猶知姓字，筆不解滄桑。
落落高山仰，滔滔流水長。
興懷吾自異，觀止莫能忘。

柏林寺壁畫水

清・王　懿

蕭蕭古寺澹無塵，潑墨平分浪卷銀。
派發靈源難覓穴，心存佛地是慈濱。
一航渡我三千界，萬頃濯人百慮身。
欲識西來大士意，鐘聲響處月光輪。

柏林寺

清・饒夢銘

古佛何年下碧空，茶煙繚繞火初紅。
入林笑我征塵客，柏子香攜滿袖風。

眞際像

前人

跏趺羅拜法王尊，說偈曾梳跋扈魂。
試問凌煙二十八，何人立雪在沙門(註)！

註：眞際在時，燕趙二王曾侍坐。

眞際塔

前人

甲子輪回七百周，禪關夢月疾如流。
到頭剩有摩雲塔，白鶴歸來幾度秋。

吳道子畫水

前人

鯨濤雪練鬥精神，雙管平分總絕倫。
識得中山遺墨在，應嗤道子是前生。

註：王弇州集載：水爲明定州何生筆。

東寺鐘聲

明・陸建

疏翠千株柏，孤鐘萬戶聲。
窗虛風並落，花冷月俱傾。
綠雨愁邊濕，青禽夢底驚。

向時江上棹，夜半不勝情。

頌趙州

黃龍慧南

傑出叢林是趙州，老婆勘破有來由。
而今四海清如鏡，行人莫與路爲仇。

趙州塔

趙樸初

寂寂趙州塔，空空絕依傍。
不見臥如來，只見立瑞像。
平生一拂子，何殊臨濟棒？

會看重豎起，人天作榜樣。

註：趙州參南泉，泉問：「近從何處來？」師云：「從瑞像來。」問：「還見立瑞像無？」師云：「不見立瑞像，只見臥如來。」師臨終前寄拂子與趙王云：「若問拂子何處來，但云老僧平生用不盡者。」

（原載《法音》一九八六年第四期）

趙州祖庭庚午年臘八法會瑞應紀實

淨　慧

庚午年臘月初八日（一九九一年一月二十三日），河北趙縣柏林古刹舉行佛陀成道紀念法會。正當法會進行中，月前供奉之十噸重漢白玉釋迦牟尼佛像忽左右、前後自動，自動幅度約二、三公分，每隔三分鐘自動一次，特續約二小時，在場數千群衆及省、縣有關部門負責人均親眼目睹，嘆爲希有。

昔佛陀上升兜率天宮爲母說法，三月不還人間。時優塡王因思念佛陀，乃以牛頭旃檀木刻作佛陀形像，高五尺。佛陀回人間，旃檀刻像往迎佛陀。佛爲授記曰：「汝於未來作大福田，廣度衆生。」趙州禪師云：「老僧把一枝草作丈六金身用，把丈六金身爲一枝草用。」趙州今祖刹重光，如來現瑞，玉佛自動，四衆騰歡，嘆未曾有。佛動耶？

心動耶？且於動與未動之際下一轉語。因綴四偈，用志實焉！

喧喧臘鼓萬人歡，喜見如來動笑顏。
柏子無情增秀色，冷灰豆爆趙州禪。
信手拈來草一莖，人天瞻禮作金身；
優塡模像今猶昔，瑞應昭昭動古城。
巨石鑿成丈六身，露天供奉顯威靈，
不離眞際常垂手，要使人心一樣平。
趙州古刹待重興，四衆輸誠共布金。
佛出那伽今一笑，巍巍功德實難倫。

一九九一年一月二十四日

參拜趙州從諗禪師塔

淨　慧

來參眞際觀音院，何幸國師塔（註）尙存！
寂寂禪風千載後，庭前柏子待何人？
註：趙州塔有額云：「特賜大元趙州古佛眞際光祖國師之塔」。
一塔孤高老趙州，雲孫來禮淚雙流；
斷碑殘碣埋荒草，禪河誰復問源頭！

一九八七年十月十五日於石家莊

趙州祖庭結七有感

風霜歷盡未心安，老大來參柏子禪。
欲把行囊高掛起，從今不費草鞋錢。

淨　慧

一九九二年一月二十一日

趙州柏林寺懸鐘偈

趙州橋畔觀音院，不聽鐘聲數百年。
衆力匡扶恢祖印，蒲牢一擊震三千！

淨　慧

一九九二年一月二十五日

趙州柏林寺大事記

劉明辰

漢獻帝建安年間（一九六～二二〇）

常山國平棘縣（今河北省趙縣）創建觀音院（今柏林寺）。

唐高祖武德五年（六二二）

玄奘法師在趙州（今河北趙縣）從高僧道深法師學《成實論》半載有餘。當時天下「成實學」衰微，唯趙州獨盛。道深法師所在寺院應即今之柏林寺（古觀音院），玄奘法師亦應在觀音院從之遊學。

唐代宗大曆十三年（七七八）

趙州從諗禪師誕生。師俗姓郝，曹州（今山東曹縣）郝鄉人，自幼出家於本州扈通院。

唐武宗會昌五年（八四五）

朝廷下詔毀佛，敕命僧尼還俗。時趙州從諗禪師隱跡徂徠山，草衣木食，儀法愈峻。次年（八四六），武宗崩，宣宗即位，下詔復弘佛法，師出山，重申前志，行化天下。

唐宣宗大中十二年（八五八）

從諗禪師駐錫趙州古觀音院，亦稱東院，即今之趙縣柏林禪寺。

唐昭宗乾寧二年（八九五）

趙王迎從諗禪師至鎮州（今河北正定）供養，欲營寺院，禪師止之曰：「動一莖草，即歸趙州。」遂寓居竇行軍之果園，（亦稱竇家園）號爲「眞際禪院」。

唐昭宗乾寧四年（八九七）

從諗禪師謂弟子曰：「吾將返眞矣！」冬十一月十日端坐而終，住世一百二十歲。時竇家園道俗車馬數萬餘人，哀聲振動原野，盡送終之禮。

後唐保大十一年（九五三）

四月十三日，東都東院惠通禪師寫〈趙州從諗禪師行狀〉成。

宋太祖建隆元年至太宗至道三年（九六〇～九九七）

期間，趙州觀音院改稱永安禪院。

宋眞宗咸平元年（九九八）

賜永安院太宗御書，羅度僧一人。

宋仁宗慶曆七年（一〇四七）

是年，趙州通判馬仲甫表請於朝，奏復先帝永安院度僧之制。詔下，從其請。

宋神完元豐八年（一〇八六）

原趙州通判馬仲甫之子馬玿、馬瑊因公至趙州，對其先人之故治備感遺愛之情，又聞永安院（今柏林寺）主僧道及早年馬仲甫奏請恢復度僧之舉。馬琇乃應寺僧之請，於九月二十三日撰成〈大宋趙州永安院度僧記〉一文。後由通判周鼎等立石。

金熙宗天會十三年～熙宗皇統八年（一一三五～一一四八）

這期間，趙州刺史爲金帝宗室完顏宗永。因避其諱，改永安院爲柏林禪院。

金世宗大定七年（一一六七）

九月十八日，沃州（今河北趙縣）柏林禪院建〈大金沃州柏林禪院三千邑衆碑〉，由副功德主優婆塞田進、賈德、李和及都功德主當院傳法沙門清昭題名立石。

金哀宗天興元年（一二三二）

二月二日，趙州柏林禪院圓明普照月溪大禪師生。師俗姓丁，諱圓朗，祖籍上蔡人。其祖父流寓通州（今北京市通縣），遂定居於此。母王氏感靈異而生師。

元太宗九年（一二三七）

夏，前燕京兵馬西山行元帥慶源軍節度使移刺公會集趙州諸官，共議重建趙州柏林禪院事。謂柏林道場是禪宗尊宿趙州和尚說法故地，久爲律宗所居，今當作禪寺用。有歸雲老人宣公，道名滿天下，寓錫北平（今北京市），欲請他來柏林作住持，重振禪風。

同年，歸雲老人應移剌之請移錫趙州，開始重建柏林道場。歸雲傳道嚴，領衆寬，故檀越敬慕其行，衲子千指圍繞。時人咸以「趙州再來」相期許。不到二年，得負廓良田五千餘畝，安設水碾、水磨。

元太宗十二年（一二四〇）

十二月，歸雲老人隻身遁去，鞍馬衣鉢悉付寺。由其嗣法長老升公主持法席。

元馬眞后元年（一二四二）

三月，升公遣侍者仁禪持書向歸雲老人方外好友陳時可求碑詞。陳欒爲執筆爲文，遂撰〈趙州重建柏林禪院碑〉文。當年碑成。

同年八月中秋日，柏林禪院樹碑立石。題名爲「柏林下挾州內外十院僧衆及合群文武官員」立。

元世祖至元十九年（一二八二）

朗公任柏林禪院住持。增建後殿、外庫、祖師堂、西堂、雲堂、庖廩、僧寮等。並請《大藏經》全部。

元世祖至元十九年～成宗元貞二年（一二八二～一二九六）

這期間，柏林禪院建趙州古佛堂成。王翊撰〈趙州古佛堂記〉詳其始末。

元世祖至元三十年（一二九三）

七月初四日，元世祖降旨，賜朗公「圓明普照大禪師」之號。在敕文裡稱柏林禪院爲柏林禪寺。

同年十月，宣政院榜付趙州柏林寺，曉諭合郡官民，須發護持聖旨，照會奉旨施行。榜文稱「趙州柏林禪寺臨濟宗派趙州古佛道場」云云。

元成宗元貞二年（一二九六）

二月十五日，元成宗降旨，爲圓明普照禪師加月溪二字封號。

元仁宗皇慶元年（一三一二）

十一月十三日，元仁宗降旨保護柏林禪寺。

元仁宗皇慶元年～仁宗延祐三年（一三一二～一三一六）

這期間，柏林禪寺將三道聖旨及宣政院榜文勒石。碑正面分三截，上截「蛇兒年」旨；中截「猴兒年」旨；下截「鼠兒年」旨。碑陰榜文。立石殿前，以垂後世。

元仁宗延祐元年（一三一四）

十月六日，圓明普照月溪大禪師圓寂。

元仁宗延祐二年（一三一五）

翰林學士王思廉撰〈趙州柏林圓明普照月溪大禪師碑〉。

元仁宗延祐三年丙辰（一三一六）

四月初一，都功德主光祿大夫江浙等處行中書省平章政事章閭、住持襲祖沙門梅溪長老、法孫顯琛等爲圓明普照月溪大禪師立碑。

元文宗至順元年（天曆三年）庚午（一三三〇）

三月，特賜大元趙州古佛眞際光祖國師之塔建成。

明憲宗成化二十三年（一四八七）

道源長老建毗盧殿。

明孝宗弘治十六年（一五〇三）

柏林寺重建金剛、天王二殿竣工。

明世宗嘉靖十八年（一五三九）

九月，柏林寺重修光祖眞際禪師塔竣工。眞定天峰撰文立石。

明世宗嘉靖二十六年（一五四七）

三月，柏林寺住持魯峰，州僧正司僧正本儒發起建大慈殿。

明世宗嘉靖二十九年（一五五〇）

十月，大慈殿竣工，本州舉人李時陽撰寫〈趙州柏林寺增修大慈殿碑記〉。

明世宗嘉靖三十一年壬子（一五五二）

七月十五日，趙州（今河北趙縣）柏林寺爲增修大慈殿立石。題名：

知州許邦才等官紳善信，僧正本儒、了眞，主持本從、潭印等僧衆。

明穆宗隆慶六年（一五七二）

十二月，柏林寺無聲禪師重修藏經殿成並立碑。

清聖祖康熙十九年（一六八〇）

四月八日，傳臨濟正宗沙門超祥印造《憨山老人夢游集》及《法華經會義》。

清世宗雍正十一年（一七三三）

雍正加封趙州禪師「圓証直指」之號，重塑柏林寺殿堂佛像。

清高宗乾隆十五年（一七五〇）

九月十二日，清帝愛新覺羅弘歷（乾隆）南巡途經趙州（今河北趙縣）。在柏林寺小憩，弘歷即興賦詩三首。

清德宗光緒二十年～三十年（一八九四～一九〇八）

這期間，柏林寺在古佛堂歸址建「十方禪院」。

民國六年（一九一七）

趙縣遭受嚴重水災。柏林寺圍牆及坍塌多年的天王、金剛二殿、山門殿、毗盧殿等，均因大水沖擊，變爲廢墟，寺內僅存摩尼殿、大慈殿。除十方禪院有人居住自成院落外，柏林寺變成行人通道，殿宇爲乞丐寄宿之處。

民國十一年至十五年（一九二二～一九二六）

縣公署建設局佔據寺內十方禪院，作爲辦公場所。寺內三名僧人全被趕出禪院；縣公署戒煙局把抓獲的吸毒犯禁閉在摩尼殿內。因粉刷大殿牆壁，使殿內的《趙州水》被毀，除西頭尚留一小角畫面外，大部分被塗蓋。

民國十九年（一九三〇）

趙州禪師塔第二級佛龕內供奉之銅造像被盜，經縣公署警察局緝捕追回，入藏文獻委員會。（一九三七日軍侵佔趙縣縣城，銅像供在僞政府大仙堂內，日軍投降後其像下落不明。）

民國二十七年（一九三八）

釋親昧應請由武安縣栗城寺回趙縣，與地方當局交涉，得以住進柏林寺。

民國三十年（一九四一）

柏林寺舉行盛大法會，大願法師率栗城寺僧侶由武安來趙做佛事。

民國三十一年（一九四二）

柏林寺發出緣起，爲修繕柏林寺募化淨資，合城善信紛紛布施。

民國三十四年（一九四十五）

柏林寺修繕工程基本完工。自一九四二起到一九四五年夏，柏林寺壘起了泥土圍牆，修建起磚牆大門，整砌了趙州塔基座，砌補了塔身，修整了大殿木結構，到解放前夕，各項工程基本完工。同年農曆八月三十日趙縣解放。寺內摩尼殿、大慈殿的佛像金身在戰亂中被毀。

民國三十五年丙戌（一九四六）

東門村佔用禪堂做村公所，親昧法師攜帶佛書、法物離寺返里，安居俗家大石橋村潛心修行。

民國三十六年丁亥（一九四七）

號稱趙州十景之一的「東寺鐘聲」的大鐘被毀。

東門村公所遷出禪堂，金牛肥皂廠（縣直機關生產單位）住進禪院。

西元一九四九年

中共趙縣縣委宣傳部負責管理柏林寺文物。

西元一九五一年

中共中央文化部文物處派專家羅哲文、祁英濤來趙縣普查重點文物，副縣長曹拔萃派員做嚮導到柏林寺調查。當時柏林寺還存有兩座大殿、趙州塔、十方禪院及歷代碑碣。

西元一九五五年

寺內禪堂因存放大量鞭炮，不愼失火，五間正房全部炸毀，禪堂的磚石逐漸流失，十方禪院亦化爲廢墟。

西元一九五六年

趙縣進行文物普查，柏林寺僅存摩尼、大慈兩座大殿和趙州禪師塔，以及古柏數十株。

西元一九五八年～一九六二年

這期間，柏林寺無人看管，遺址上的磚、石、碑流失殆盡。

西元一九六三年

經上級政府決定，柏林寺遺址由文教部門管理使用，並劃定四至範圍：西至大崗歸舊牆基，東至東門大隊，南至大街，北至大崗舊牆基。

西元一九六四年

縣文教科批准石塔小學在柏林寺遺址建校，先佔大慈殿做臨時校舍。

西元一九六六年

三月八日，趙縣地震。趙州禪師塔之塔刹被震落摔碎。塔刹寶瓶內所藏《金剛經》等震落飄散。

西元一九六八年

趙縣革命委員會文教組批准在柏林寺遺址上利用石塔小學校舍，舉辦高級中學；縣土產公司佔據柏林寺遺址的東南部做竹、本經銷場地。

西元一九六八～一九七〇年

柏林寺僅存之摩尼、大慈兩座大殿先後被拆除。

西元一九七二年

東門大隊社員在寺東的土墩上拉土，發現了土墩下面的磚砌壽塔，並從塔下挖掘出柏林寺文物多件，交趙縣文物保管所收藏。

西元一九七三年

據文獻資料記：此土墩即金元以來建於大殿東的柏林寺壽塔。

縣文教局在民間發現「趙州從諗禪師」石刻畫像碑，由文物保管所保管；

趙縣文教局將柏林寺遺址上殘存的幾塊石碑運往縣文物保管所。

西元一九八〇年

六月廿四日，日本「日中友好臨黃協會」第一次訪華團參拜正定臨濟塔，團員和久弘昭先生等三人參拜趙州塔。

西元一九八一年

十一月廿日，日本「日中友好臨黃協會」訪華團一行廿三人首次參拜趙州塔。

西元一九八二年

七月廿三日，河北省政府公布柏林寺塔（趙州眞際禪師塔）及遺址爲省級重點文物保護單位。

西元一九八三年

趙縣師範學校在柏林寺遺址上籌建校舍。

西元一九八四年

上級有關部門批示，縣土產公司遷出柏林寺遺址，由縣文物保管所接管。

西元一九八六年

五月十九日，中國佛教協會會長趙樸初老居士陪同日本「日中友好臨黃協會」訪華團一行一百人參拜趙州塔。趙老即興賦〈趙州塔〉五律一首。

西元一九八七年

十月十五日，中國佛教協會常務理事、《法音》主編淨慧法師陪同日本「日中友好臨黃協會」訪華團參拜趙州塔。

西元一九八八年

一月初，河北省佛教界座談會在石家莊召開。中國佛教協會常務理事淨慧法師，常務理事、教務部主任王新居士應河北省宗教事務局邀請，出席座談會。開會期間，趙縣杜振海副縣長專程到石家莊同省宗教局領導和凈慧法師等商談開放、修復柏林寺問題。

五月十二日，河北省政府批文，正式規定柏林寺作爲宗教活動場所，交佛教界管理使用並逐步進行修復。

五月十九日，重建柏林寺暨創立佛慈安養院奠基典禮在柏林寺遺址隆重舉行，日本「日中友好臨黃協會」第八次訪華團一行及出席河北省佛教界第一屆代表會議代表等共三百餘人參加儀式。

五月十九日，河北省佛教協會印發〈重建趙州禪師道場設立佛慈安養院緣起〉，爲修復柏林寺展開籌款工作。

秋，河北省佛教協會委派常務理事慧林法師、理事德眞法師住進柏林寺。

西元一九八九年

趙縣縣政府爲柏林寺劃界問題專門下達文件，確定柏林寺的面積爲三十八・五畝，並劃定了四至範圍。文件規定在柏林寺遺址範圍內的單位（包括趙縣師範學校、縣教育局等）逐步遷出，師範學校在寺院範圍內的房屋，作價交還柏林寺。

修復柏林寺工作開始。

購進縣師範學校在寺院範圍內的房屋一百餘間；按文件劃定的四至範圍築起圍牆，購進建殿所需石料；訂制漢白玉石刻釋迦牟尼佛像壹尊（高三米，重十噸）、觀世音菩薩像壹尊（高二米）。美國紐約正覺寺住持佛性法師爲支持修復趙州祖庭柏林寺不遺餘力，捐助巨款，使修復工程得以起步。

西元一九九〇年

十一月十七日（農曆十月初一日），柏林寺舉行佛像安座儀式，安奉漢白玉釋迦牟尼佛坐像和觀世音菩薩立像。佛像爲美國紐約正覺寺住持佛性法師、美籍華人劉珍美居士、河北保定田淨喜居士捐資雕刻。

西元一九九一年（辛未）

一月二十三日（農曆庚午年臘月初八日），柏林寺舉行佛成道紀念法會，供奉於大殿遺址上的漢白玉釋迦牟尼佛像忽前後、左右自動，自動幅度約二、三公分，每隔三分鐘自動一次，持續約二小時，在場數千群衆及省、縣有關部門負責人均親眼目睹，嘆爲希有。

七月二十日下午，台灣禪學參訪團一行七人，由台灣耕雲禪學基金會導師李挽（耕雲）先生和董事長陳維滄先生率領，在省佛協會長淨慧法師陪同下，來趙縣參拜柏林寺和趙州塔。耕雲先生看到古柏猶存，趙州塔矗立，大殿動工，古刹重興在望，深表歡喜。參訪團爲贊助修復柏林寺喜舍淨資。淨慧法師將一枝用古柏枝修做成的手杖送給耕雲先生。

西元一九九二年

二月初，重建普光明殿（大殿）木結構工程全面施工。

四月十四日（農曆三月十二日），普光明殿上樑。柏林寺重興首任住持淨慧法師主持淨壇儀式。

八月二十八日，（農曆八月初一日），隆重舉行普光明殿落成典禮，中外來賓近千人參加盛會，共慶淨域重光，慧燈再耀。

國家圖書館出版品預行編目資料

趙州禪師開示語錄／淨慧法師編著. -- 1 版. -- 新北市：華夏出版有限公司, 2023.05
面； 公分. -- （Sunny 文庫；260）
ISBN 978-626-7134-41-2（平裝）
1.CST：禪宗 2.CST：佛教說法

226.65 111011279

Sunny 文庫 260
趙州禪師開示語錄

編　著　淨慧法師
印　刷　百通科技股份有限公司
電話：02-86926066 傳真：02-86926016
出　版　華夏出版有限公司
220 新北市板橋區縣民大道 3 段 93 巷 30 弄 25 號 1 樓
電話：02-32343788 傳真：02-22234544
E-mail：pftwsdom@ms7.hinet.net
總 經 銷　貿騰發賣股份有限公司
新北市 235 中和區立德街 136 號 6 樓
電話：02-82275988 傳真：02-82275989
網址：www.namode.com
版　次　2023 年 5 月 1 版
特　價　新台幣 420 元 (缺頁或破損的書，請寄回更換)

ISBN： 978-626-7134-41-2